新时代智库出版的领跑者

上合示范区：
新角色与新平台

邹治波　孟庆胜　主编

THE CHINA-SCO LOCAL ECONOMIC AND TRADE
COOPERATION DEMONSTRATION AREA: NEW ROLE
AND NEW PLATFORM

中国社会科学出版社

图书在版编目(CIP)数据

上合示范区：新角色与新平台 / 邹治波，孟庆胜主编. —北京：中国社会科学出版社，2022.10

（国家智库报告）

ISBN 978-7-5227-1014-3

Ⅰ.①上… Ⅱ.①邹…②孟… Ⅲ.①上海合作组织—对外经贸合作—研究—青岛 Ⅳ.①F752.852.3

中国版本图书馆 CIP 数据核字（2022）第 214126 号

出 版 人	赵剑英
项目统筹	王 茵 喻 苗
责任编辑	侯聪睿
责任校对	王佳玉
责任印制	李寡寡

出　　版	中国社会科学出版社
社　　址	北京鼓楼西大街甲 158 号
邮　　编	100720
网　　址	http://www.csspw.cn
发 行 部	010-84083685
门 市 部	010-84029450
经　　销	新华书店及其他书店

印刷装订	北京君升印刷有限公司
版　　次	2022 年 10 月第 1 版
印　　次	2022 年 10 月第 1 次印刷

开　　本	787×1092　1/16
印　　张	11.75
插　　页	2
字　　数	150 千字
定　　价	65.00 元

凡购买中国社会科学出版社图书，如有质量问题请与本社营销中心联系调换
电话：010-84083683
版权所有　侵权必究

课题组

负责人：邹治波
　　　　孟庆胜

成　员：徐秀军　孙正永　马　涛
　　　　王玉彬　田　旭　宋明亮
　　　　江思羽　刘雁冰

摘要："十三五"时期，习近平总书记两次亲临青岛，赋予青岛"办好一次会，搞活一座城"、建设现代化国际大都市、打造"一带一路"国际合作新平台等重任。青岛获批建设中国—上海合作组织地方经贸合作示范区，为参与"一带一路"建设提供了新机遇。建设上合示范区、打造"一带一路"国际合作新平台是党中央赋予青岛的重大历史使命。上合示范区在物流、贸易、产能和人文合作等方面的前期发展为其深度参与"一带一路"建设，打造国际合作新平台打下了坚实基础。本报告详细分析了上合示范区与上合组织合作、"一带一路"建设、中国国家发展战略等的关系，并围绕上合示范区建设"四大中心"目标，对上合示范区现阶段发展成就和挑战等进行了梳理，并提出了推动建设上合示范区"六大平台"及服务共建"一带一路"的政策建议。

关键词：上合示范区；"一带一路"；高水平开放

Abstract: During the 13th Five-Year Plan period, the General Secretary Xi Jinping visited Qingdao twice in person and entrusted Qingdao with the important tasks of "hosing a good meeting and invigorating a city", building a modern international metropolis, and building a new platform for international cooperation under the construction of the Belt and Road Initiative. Qingdao has been approved to build the China-SCO Local Economic and Trade Cooperation Demonstration Area (SCODA), providing new opportunities for participating in the Belt and Road Initiative. It is a major historical mission entrusted to Qingdao by the Communist Party of China (CPC) Central Committee to build the SCODA, a new platform for international cooperation under the Belt and Road Initiative. SCODA's early development in logistics, trade, production capacity and people-to-people cooperation has laid a solid foundation for its deep participation in the Belt and Road Initiative and building a new platform for international cooperation. This report analyzes in detail the relationship between SCODA and the SCO cooperation, the construction of the Belt and Road Initiative, and national development strategies of China, etc. and focuses on the "four major centers" of SCODA, and presents a review of the achievements and challenges of the current stage of SCODA, as well as policy recommendations to promote the construction of the "six platforms" of SCODA and to serve the construction of the Belt and Road Initiative.

Key words: China-SCO Local Economic and Trade Cooperation Demonstration Area; Belt and Road Initiative; High-level Opening-Up

目　录

一　上合示范区与上合组织合作 …………………（1）
（一）上合组织合作精神与目标 ………………（2）
（二）上合组织与中国国家发展战略 …………（8）
（三）上合组织经贸合作 ………………………（15）
（四）上合示范区的成立及其意义 ……………（22）

二　上合示范区与"一带一路"建设 …………（27）
（一）上合组织国家在"一带一路"建设中的地位 …………………………………（27）
（二）青岛在"一带一路"建设中的地位 ……（40）
（三）上合示范区在"一带一路"建设中的作用 …………………………………（50）

三　上合示范区与国家发展战略 …………………（55）
（一）中央和国家关于上合示范区建设的相关政策 ………………………………（55）
（二）省市关于上合示范区的推进工作 ………（59）

（三）上合示范区建设目标 …………………… (67)

四　上合示范区建设现状与挑战 …………… (74)
　　（一）上合示范区建设成就 ………………… (74)
　　（二）上合示范区建设面临的挑战 ………… (111)

五　上合示范区建设平台 ……………………… (115)
　　（一）国际多式联运综合服务平台 ………… (115)
　　（二）贸易投资合作平台 …………………… (124)
　　（三）金融创新服务平台 …………………… (132)
　　（四）地方与城市合作平台 ………………… (135)
　　（五）国际园区建设服务平台 ……………… (141)
　　（六）文化和教育交流合作平台 …………… (145)

六　上合示范区建设的保障措施 ……………… (150)
　　（一）全面加强党的领导，顶格协调
　　　　　推进 ………………………………… (150)
　　（二）全面提升战略定位，发挥青岛
　　　　　区位优势 …………………………… (151)
　　（三）健全工作体制机制，推动制度
　　　　　创新 ………………………………… (152)
　　（四）开展多渠道宣传推介，注重舆论
　　　　　引导 ………………………………… (155)
　　（五）加大协调力度，建立科学的考核
　　　　　体系 ………………………………… (156)

（六）争取相关政策支持，推进落实各项
　　　工作 ……………………………………（157）
（七）加强社会监督，抓好责任激励 ………（159）

七　上合示范区发展与青岛未来 ……………（160）
（一）建设上合组织合作中心城市 …………（161）
（二）打造国际化大都市 ……………………（164）

结　语 ……………………………………………（170）

主要参考文献 …………………………………（173）

一　上合示范区与上合组织合作

2021年是上海合作组织（以下简称"上合组织"）成立20周年，从成立之初以打击恐怖主义、分裂主义和极端主义"三股势力"稳定地区局势为合作重点，到安全与经济"双轮驱动"，全方位加强政治、安全、经济与人文四个领域的合作，再到携手构建"卫生健康共同体""安全共同体""发展共同体"和"人文共同体"，上合组织合作范畴不断扩展，作用功能不断提升，组织成员也不断扩大。2017年印度和巴基斯坦的加入和2022年伊朗的加入，使上合组织成为目前世界上人口最多、地域最广、潜力巨大的区域多边合作组织。如今，上合组织成员国在各个领域的合作都卓有成效，"上海精神"历久弥新，组织合作目标不断充实新的时代内涵，从维护周边地区安全、推动"一带一路"倡议落地实施和加快构建人类命运共同体等方面与中国国家发展战略深度融合，不断显示出强大的生命力。

作为上合组织发展壮大的三大支柱之一，经贸合作扮演着重要角色，为上合组织成员国共同发展繁荣打造了强劲引擎。随着经贸合作的重要性增强，经贸合作机制不断完善，上合组织地方经贸合作特点突出，潜力凸显。为推动成员国之间的地方经贸合作，中哈霍尔果斯国际边境合作中心、陕西省杨凌农业高新技术产业示范区、广西防城港市中印医药产业园、中国—上合组织地方经贸合作示范区（以下简称"上合示范区"）相继成立，不断探索地方经贸合作新路径。上合示范区作为中国唯一一个面向上合组织的经贸合作示范区，也是目前国际上唯一一个以推动上合组织国家地方之间经贸合作为目标的经贸园区，具有唯一性、独特性、示范性特点，肩负着打造"一带一路"国际合作新平台，加强中国同上合组织国家互联互通，着力推动陆海内外联动、东西双向互济的开放格局的重要使命。

（一）上合组织合作精神与目标

过去20多年以来，上合组织各成员国在合作广度和深度持续拓展的同时，不忘初心，与时俱进，始终以"互信、互利、平等、协商、尊重多样文明、谋求共同发展"为内涵的"上海精神"。上合组织从成立伊始的"上海精神"与新安全观，到青岛峰会提出为"上海精神"（发展观、安全观、合作观、文明观与全球治理观）充实新的时代内涵，再到倡导构建上合组织命运共同体，充分体现了"中国智慧"和

"中国方案"。① 随着时代的演进，上合组织的合作精神与目标都在不断丰富，内涵也在不断更新，充分体现了上合组织与时俱进的时代特征。

1. 上合组织合作精神

"上海精神"起源于"上海五国"进程。"上海五国"在实践中逐渐形成"互信、互利、平等、协商、尊重多样文明、谋求共同发展"的"上海精神"，这是该机制合作经验的结晶，打破了许多传统国际组织和集团都不同程度具有的封闭性、排他性、强制性和对抗性的特点，坚持"不结盟、不对抗、不针对第三国"原则，开创了成员国之间对话而不对抗、结伴而不结盟，实行战略协作的新的关系模式。因此"上海精神"得到了成员国的一致赞同并被写入《上海合作组织成立宣言》中，成为凝聚上合组织成员国的核心价值和行动指南。

作为创始成员国之一，中国始终致力于推动上合组织的发展，并以理念和行动不断丰富"上海精神"的时代内涵，正是"上海精神"在新时代的与时俱进，不断引领着上合组织自我优化和完善。2013年以来，习近平主席多次在上合组织峰会上发表重要讲话，提出一系列重要倡议，为"上海精神"赋予新的时代内涵，获得各方积极回应。

习近平主席在上合组织成员国元首理事会第十八

---

① 孙壮志：《上海合作组织与新时代中国多边外交》，《世界经济与政治》2021年第2期。

次会议上发表题为《弘扬"上海精神" 构建命运共同体》的重要讲话,指出"上海合作组织始终保持旺盛生命力、强劲合作动力,根本原因在于它创造性地提出并始终践行'上海精神',主张互信、互利、平等、协商、尊重多样文明、谋求共同发展"。在此次会议上,习近平主席首次系统阐述了"上海精神"内涵,提出用新"五观"破解时代难题、化解风险挑战。一是提倡创新、协调、绿色、开放、共享的发展观,实现各国经济社会协同进步,解决发展不平衡带来的问题,缩小发展差距,促进共同繁荣;二是践行共同、综合、合作、可持续的安全观,摒弃冷战思维、集团对抗,反对以牺牲别国安全换取自身绝对安全的做法,实现普遍安全;三是秉持开放、融通、互利、共赢的合作观,拒绝自私自利、短视封闭的狭隘政策,维护世界贸易组织规则,支持多边贸易体制,构建开放型世界经济;四是树立平等、互鉴、对话、包容的文明观,以文明交流超越文明隔阂,以文明互鉴超越文明冲突,以文明共存超越文明优越;五是坚持共商共建共享的全球治理观,不断改革完善全球治理体系,推动各国携手建设人类命运共同体。[①] 这不仅赋予了"上海精神"新的时代内涵,更加契合了构建新型国际关系、构建人类命运共同体的本质要求,为新时代上合组织的发展提供了强大的思想武器。"上海精神"自始至终贯穿于上合组织的发展历程,具有超越时代

---

① 习近平:《弘扬"上海精神" 构建命运共同体——在上海合作组织成员国元首理事会第十八次会议上的讲话》,《人民日报》2018年6月11日第3版。

和国界的生命力和价值,不仅成为各成员国共同奋斗的理念基础与精神纽带,也让构建上合组织命运共同体的道路越走越宽广。

2. 上合组织合作目标

2001年至2006年,上合组织初创时期的目标主要是构建安全与经济"双轮驱动"合作。一方面,作为"上海五国"机制的延续,上合组织在传统安全领域的合作目标主要在于以"上海五国"时期签署的《关于在边境地区加强军事领域信任的协定》和《关于在边境地区相互裁减军事力量的协定》等边境军事协定为起点,逐步完善安全合作体系,维护地区安全与稳定,遏制恐怖主义、分裂主义和极端主义"三股势力"的蔓延。上合组织成员国于2001年签署《打击恐怖主义、分裂主义和极端主义上海公约》,首次对"三股势力"进行定义,于2003年制定了对恐怖组织与恐怖分子的认定标准,这也是国际社会中首个制定恐怖分子认定标准的地区组织,为深化区域安全合作以及拓展深化其他领域的合作奠定了重要基础。[①] 另一方面,在安全合作领域之外,上合组织成员国开始重视经济领域的合作。2003年,上合组织国家签署《上海合作组织成员国多边经贸合作纲要》,明确了成员国多边经贸合作的优先方向和分"长期、中期、短期"三步走的战略目标,成为区域经济合作的首

[①] 李进峰:《上海合作组织20年:成就、挑战与前景》,社会科学文献出版社2021年版,第26页。

个纲领性文件。

2006年至2011年，上合组织不断拓宽合作领域，从"经济、安全"合作拓展到"政治、安全、经济和人文"四大领域。这一时期，上合组织合作的目标主要有三：一是逐步完善综合安全体系，以防务合作为安全合作的重要内容，坚持继续打击"三股势力"，推动安全合作向多领域、纵深化方向发展；二是推动经济合作迈向务实阶段，加强成员国在基础设施、经贸、能源、金融、交通、农业等领域开展合作，以抵御金融危机、应对全球挑战、实现贸易投资便利化、促进互联互通；三是拓展人文合作内涵，明确指出人文合作是经济合作的基础，促进成员国人民的心灵沟通和不同文化间的对话与相互理解。[①]

2011年至2016年，上合组织稳步发展，成员国合作的主要目标为规划中长期发展战略，将上合组织发展与"一带一路"倡议和欧亚经济联盟对接，加快区域经济一体化进程。2012年，成员国元首签署《上海合作组织中期发展战略规划》，把维护安全、发展经济、改善民生确立为未来十年上合组织发展的目标和任务。2015年成员国制定《上海合作组织至2025年发展战略》，在2012年《上海合作组织中期发展战略规划》基础上进一步细化发展目标：一是加强成员国互信与友好睦邻关系；二是加强上合组织作为全面有效地区组织的地位；三是维护地区安全，应对成员国

---

① 李进峰：《上海合作组织20年：成就、挑战与前景》，社会科学文献出版社2021年版，第31—35页。

面临的安全威胁与挑战，包括预防和消除突发事件；四是深化经贸、投资合作以及优先领域的合作项目，促进成员国可持续发展，提高人民生活水平；五是扩大人文联系，包括科技、卫生、环保、教育领域，开展人员交流；六是根据《上海合作组织宪章》及上合组织其他法律文件，坚持落实上合组织开放原则；七是提高上合组织国际威望，加强同联合国及其专门机构，以及独联体、集安条约组织、东盟、经合组织、亚信及其他国家组织和机构的联系；八是加强上合组织机制建设，包括提升成员国常驻秘书处和地区反恐怖机构代表作用。该战略明确指出，成员国就丝绸之路经济带倡议达成共识，将其作为创造有利条件推动上合组织地区经济合作的手段之一。

2017年至今是上合组织扩员后发展的新阶段，其积极参与全球治理，命运共同体意识增强。2017年6月，上合组织元首理事会阿斯塔纳会议作出历史性决议，接纳印度和巴基斯坦为本组织的成员国。扩员后上合组织发展迈入新的阶段，一方面，扩员为上合组织发展带来新的问题，组织成员身份认同差异增多，利益、目标分歧凸显。另外，这一时期国际形势发生巨变，大国博弈加剧、逆全球化风潮高涨、保护主义和单边主义盛行。面对这些新的挑战，在以往合作目标的基础上，上合组织进一步将构建人类命运共同体纳入目标范畴。在2019年《上海合作组织成员国元首理事会会议新闻公报》中，成员国强调，上合组织作为高效和建设性多边合作机制，在维护地区和平稳定、促进成员国发展繁荣方面发挥着重要作用，上合组织已成为成员国深化相互理解、加强信任对话、建设平等伙伴关系的稳定平台，致力于在国际法基础上，建设新型国际关系和确立构建人类命运共同体的共同理念。2020年，习近平主席在上合组织成员国元首理事会第二十次会议的讲话中指出，上合组织要弘扬"上海精神"，加强抗疫合作，维护安全稳定，深化务实合作，促进民心相通，携手构建卫生健康共同体、安全共同体、发展共同体和人文共同体，为推动人类命运共同体建设做出更多实践探索。2022年，上合组织撒马尔罕峰会实现了新一轮扩员，会议签署了关于伊朗加入上合组织义务的备忘录，决定启动接收白俄罗斯为成员国的程序，批准了给予巴林、马尔代夫、科威特、阿联酋和缅甸为对话伙伴地位的决议。目前，关于给予埃及、沙特和卡塔尔上合组织对话伙伴地位的备忘录业已签署。在国际挑战和威胁更加复杂、国际形势逐步恶化的时代背景下，有越来越多的发展中国家申请加入上合组织，这显示出上合组织的强大生命力和发展潜力，上合组织正向一个越来越具有国际影响力的多边合作组织迈进。

（二）上合组织与中国国家发展战略

上合组织是第一个在中国境内宣布成立、第一个以中国城市命名的国际组织。上合组织成立20多年来，不仅在打击"三股势力"、促进成员国经济发展与合作等方面发挥了关键作用,而且在维护周边地区安全、推动"一带一路"倡议落地实施和加快构建人类命运共同体等方面与中国国家发展战略深度融合,具有重要意义。

1. 维护周边安全,为中国和平与发展创造良好外部环境

在政治安全方面,上合组织合作的优先目标是维护地区和平、稳定与安宁,这为中国国内尤其是西部地区长治久安和发展繁荣创造了一个良好的周边环境。中国长期面临复杂的周边环境,上合组织是中国与周边国家建立战略互动关系的重要平台和机制。改革开放以来,尽管中国的周边环境不断改善,大部分有争议的边界问题得到解决,但各种反华舆论和势力在周边国家始终存在,中国与部分邻国也仍然存在历史遗留的争端。周边环境对于中国具有重要意义:一方面,中国国内发展离不开良好的周边环境;另一方面,中国的外交实践历来重视周边国家,以坚持与邻为善、以邻为伴,坚持睦邻、安邻、富邻,突出体现"亲、诚、惠、容"的理念作为周边外交的基本方针。[①] 上合组织则充分体现了中国睦邻友好的周边外交政策,时任国家主席江泽民在 1996 年举行的"上海五国"《关于在边境地区加强军事领域信任的协定》签字仪式上强调:"我们签署这个协定就是为了加强双方在边

---

① 孙壮志:《上海合作组织与新时代中国多边外交》,《世界经济与政治》2021 年第 2 期。

境地区军事领域的相互信任,保持边境地区的安宁与稳定,促进中国同四国之间长期睦邻友好关系的深入发展。"① 上合组织成立 20 多年来,通过打击"三股势力"以及毒品走私等跨国犯罪活动、开展信息情报交流、举行联合军演等途径,为维护中国周边政治安全发挥了关键作用。

当前,世界正经历百年未有之大变局,国际局势处于动荡变革期,传统安全和非传统安全问题交织并存,各种矛盾和问题不断涌现,全球和地区治理陷入困境。上合组织在 2021 年 9 月成员国元首理事会第二十一次会议上,《上海合作组织二十周年杜尚别宣言》得以通过,在安全领域提出以下倡议:作为单独常设机构,在杜尚别设立上合组织禁毒中心(塔吉克斯坦共和国);将塔什干上合组织地区反恐怖机构升级为上合组织应对安全威胁和挑战综合中心(俄罗斯联邦);在上合组织地区反恐怖机构基础上设立上合组织信息安全中心(哈萨克斯坦共和国);在上合组织地区反恐怖机构基础上,在比什凯克设立上合组织打击跨国有组织犯罪中心(吉尔吉斯共和国)。在新形势下,上合组织还将进一步加强国际信息安全合作、禁毒合作、防务合作、打击有组织犯罪和反腐败、法院协作、检察机关合作、司法领域合作。②

---

① 邓浩:《中国与上合组织政治合作 20 年》,载徐步主编《上海合作组织 20 年成就和经验》,世界知识出版社 2021 年版。
② 中华人民共和国中央人民政府:《上海合作组织二十周年杜尚别宣言》,2021 年 9 月 18 日,http://www.gov.cn/xinwen/2021-09/18/content_5638153.htm。

2. 推动构建新型国际关系，携手打造人类命运共同体

党的十八大以来，以习近平同志为核心的党中央高举人类命运共同体旗帜，坚定不移走和平发展道路，致力于推动构建以合作共赢为核心的新型国际关系。人类命运共同体是习近平主席提出的重要外交理念，是新时代中国特色社会主义基本方略的重要内容之一。

上合组织则是中国积极参与全球治理，坚持独立自主和平外交政策，推动构建新型国际关系和打造人类命运共同体的重要依托与实践平台。2018年6月，习近平主席在上合组织成员国元首理事会第十八次会议上首次提出"上海合作组织命运共同体"的理念。习近平主席强调："我们要继续在'上海精神'指引下，同舟共济，精诚合作，齐心协力构建上海合作组织命运共同体，推动建设新型国际关系，携手迈向持久和平、普遍安全、共同繁荣、开放包容、清洁美丽的世界。"[①] 上海合作组织命运共同体理念是在上合组织发展到一定阶段之后由中国提出、倡导各成员国认可的组织发展愿景，该理念的提出体现了中国对上合组织发展、周边国家和周边外交工作的一贯重视，其不仅丰富了中国特色大国外交思想的内涵与话语体系，而且是对中国政府提出的周边命运共同体、亚洲命运共同体以及人类命运共同体等理念的拓展和具体化。上海合作组织命运共同体的构建可以依托一个具体的地

---

① 习近平：《弘扬"上海精神"构建命运共同体——在上海合作组织成员国元首理事会第十八次会议上的讲话》，《人民日报》2018年6月11日第3版。

区性国际组织，相对于其他类型的命运共同体而言，其参与主体更加明确，且可为其他类型命运共同体的构建提供机制保障，进而为一系列命运共同体理念的实践和推进做出贡献。①

2020年11月，习近平主席在上合组织成员国元首理事会第二十次会议上发表重要讲话，首次在上合组织框架内提出构建"卫生健康共同体""安全共同体""发展共同体""人文共同体"的重大倡议。其主要内容为：一是加强抗疫合作，构建卫生健康共同体；二是维护安全和稳定，构建安全共同体；三是深化务实合作，构建发展共同体；四是促进民心相通，构建人文共同体。② 后疫情时代，上合组织成员国更将以打造"四个共同体"为契机，精诚合作、砥砺前行，为推动构建新型国际关系，携手打造人类命运共同体做出重要的理论和实践探索。2022年9月，习近平主席出访中亚并出席上合组织成员国元首理事会第二十二次会议，这是中国最高领导人在新冠肺炎疫情发生以来的首次出访，显示出中国对上合组织和与中亚友好合作的高度重视。习近平主席在会议上发表题为《把握时代潮流　加强团结合作　共创美好未来》的重要讲话，提出了"加大相互支持、拓展安全合作、深化务实合作、加强人文交流、坚持多边主义"的推动构建

---

① 曾向红、陈亚州：《上海合作组织命运共同体：一项研究议题》，《世界经济与政治》2020年第1期。
② 习近平：《弘扬"上海精神"深化团结协作　构建更加紧密的命运共同体——在上海合作组织成员国元首理事会第二十次会议上的讲话》，《人民日报》2020年11月11日第2版。

更加紧密的上合组织命运共同体的五点倡议,这在世界遭受世纪疫情和地缘冲突双重打击,冷战思维和集团政治回潮的严峻国际局势下,对推动上合组织发展具有重大意义。

3. 上合组织与高质量共建"一带一路"协同发展

2013年秋,习近平以中国国家主席身份首访中亚国家,正式发出创新欧亚地区合作模式,共建"丝绸之路经济带"的重大倡议。"一带一路"倡议是习近平主席深刻思考前途命运以及中国和世界发展大势,提出的为推动世界经济和中国经济双赢的发展蓝图,目的是让沿线国家与中国分享发展机遇,实现共同繁荣。共建"一带一路"倡议提出后,上合组织国家积极回应并主动对接发展规划,相继商签了《"丝绸之路经济带"建设与"光明之路"新经济政策对接合作规划》和《中哈产能合作规划》等一系列对接合作文件,各方大力推动基础设施互联互通和产能合作,开展境外经贸合作园区建设,推动了中哈原油管道、中俄原油管道和中国—中亚天然气管道等大型跨国能源项目建设,极大地带动了区域整体和各成员国的经济发展。[①]

上合组织是促进高质量共建"一带一路"的重要多边合作平台。实际上,在2013年之前,由于各成员国在经济实力、发展水平、地缘环境、资源禀赋等方面的差距显著,上合组织一直未能找到让所有成员国

[①] 刘华芹、于佳卉:《上海合作组织区域经济合作20年回顾与展望》,《欧亚经济》2021年第1期。

都感兴趣并能参与的大型合作项目。2013年，中国提出共建"丝绸之路经济带"的倡议，很好地契合了各成员国的现实需求。① 具体来看，"一带一路"倡议的六条经济走廊几乎覆盖上合组织所有的成员国和观察员国，能够为地区共同发展带来重大机遇。目前，上合组织成员国和观察员国已经陆续启动本国发展战略与"一带一路"倡议对接的进程，一些成员国之间经济合作的务实成果已经成为"一带一路"合作的样板工程和示范项目，比如中巴经济走廊、中白工业园、中哈霍尔果斯口岸等。在"一带一路"倡议推动下，上合组织成员国的经济合作从"项目合作"模式提升到全方位的"发展战略"对接模式，有效促进成员国从"双边合作"转向"多边合作"。并且，随着沿线国家与"一带一路"建设务实合作的成果越来越丰富，将有效推动上合组织区域的一体化进程，也将促进上合组织与周边相关地区一体化机制的合作，比如上合组织与区域全面经济伙伴关系（RCEP）等地区组织合作的对接。②

总的来说，"上海精神"与"丝路精神"一脉相承，都体现了新时代中国特色大国外交合作共赢的基本理念，都反映了中国在参与全球经济进程中的开放态度、合作诚意以及和平愿望。③ 因此，上合组织与

---

① 李进峰：《上海合作组织20年：成就、挑战与前景》，社会科学文献出版社2021年版，第175页。
② 李进峰：《上海合作组织20年：成就、挑战与前景》，社会科学文献出版社2021年版，第186页。
③ 庞大鹏：《"上海精神"与中国特色大国外交》，《人民论坛》，2018年6月26日，http://www.rmlt.com.cn/2018/0626/521914.shtml。

"一带一路"倡议在实践中可以相互支撑、相互促进，两者都为探索新型区域合作模式、构建以合作共赢为核心的新型国际关系提供了支撑。①

（三）上合组织经贸合作

作为上合组织发展壮大的三大支柱之一，经贸合作扮演着重要角色，为上合组织成员国共同发展繁荣打造了强劲引擎。成立20多年来，上合组织成员国在经贸合作方面取得了丰硕成果。本部分将主要从三个方面对上合组织经贸合作展开分析：一是上合组织经贸合作的重要意义，二是上合组织经贸合作的发展历程，三是上合组织经贸合作的现状与未来展望。

1. 上合组织经贸合作的重要意义

经贸合作是上合组织合作的一大亮点。在成立初期，上合组织的合作重点在政治安全领域。随着合作的深入，经贸合作逐渐成为成员国合作的重要内容。2017年印度和巴基斯坦的加入和2022年伊朗的加入给上合组织合作带来新的机遇与挑战，上合组织所面临的内外部环境均发生了较大变化，这进一步凸显了经贸合作的重要性。

2017年上合组织历史上首次扩员，印度和巴基斯坦成为上合组织新成员，扩员后上合组织经贸合作的重要性日益突出。一方面，扩员后上合组织地域超过

---

① 孙壮志：《"一带一路"与上合组织实现互动发展》，《求是》2017年第8期。

欧亚地区总面积的60%，总人口超过30亿，成为世界上覆盖面积最大、涵盖人口最多的综合性地区组织，构成了庞大的消费市场和互联互通空间，国际影响力持续增强，为上合组织经贸合作带来巨大潜力。另一方面，扩员为上合组织发展带来新的挑战，凸显了经贸合作的重要性。这主要是由于扩员后上合组织成员国在人口、经济实力、宗教、文化等方面的差异扩大，组织区域从中亚扩大到南亚，使议题增加并分散化，加大了组织成员国身份认同和构建共同价值观的难度。组织成员印度和巴基斯坦之间存在边境纠纷等问题，给组织的共识凝聚带来一定影响。此外，印度不仅一直未表态支持"一带一路"倡议，还受美国等西方国家的引诱和拉拢，积极加入美国"印太战略"，加入了"四国安全对话"（QUAD）机制和"印太经济框架"（IPEF），这影响到上合组织的团结与和谐。2022年伊朗加入上合组织，加强了上合组织在世界能源和欧亚联通等领域上的地位。在这种新形势下，上合组织经贸合作功能进一步突出：一是与政治安全问题相比，经贸问题不敏感，易于促成组织内的合作；二是以经贸合作为突破点，可推动促成其他领域的务实合作，以利益牵引抵消矛盾分歧；三是贸易合作是各国合作的最大公约数，是上合组织团结合作的黏合剂。

2. 上合组织经贸合作的发展历程

自2001年成立以来，上合组织经贸合作从无到有逐渐走上快速发展轨道，取得了令人瞩目的成就。回顾历史，上合组织经贸合作的发展主要经历了以下几个阶段。

一是从无到有的合作起步阶段（2001年至2005年）。2001年6月，上合组织宣告成立，同年9月成员国首次总理会议通过了《上海合作组织成员国政府间关于区域经济合作的基本目标和方向及启动贸易和投资便利化进程的备忘录》。该备忘录明确了成员国开展经济合作的基本目标、实现贸易便利化的途径及合作重点领域，正式开启上合组织经贸合作的历程。2003年9月，上合组织国家签署《上海合作组织成员国多边经贸合作纲要》，这份纲要成为上合组织地区经贸合作的首个纲领性文件。该文件明确了成员国多边经贸合作的优先方向和"三步走"战略目标，分别是短期内积极推动成员国贸易投资便利化进程；中期（2010年前）共同努力制定稳定的、可预见和透明的规则和程序，开展大规模多边经贸合作；长期（2020年前）共同致力于在互利基础上最大效益地利用区域资源，为贸易投资创造有利条件，以逐步实现货物、资本、服务和技术的自由流动。2005年10月，成员国进一步签署《〈上海合作组织成员国多边经贸合作纲要〉落实措施计划实施机制》，规定将通过高官委员会和专家工作组落实地区经贸合作。

二是机制的快速发展期（2006年至2017年）。自2006年以来，上合组织成员国按照《上海合作组织成员国多边经贸合作纲要》确定的合作方向，重点推进在能源、交通、电信和农业等领域的务实合作。同时，在上合组织成员国总理会晤机制下设立了多个部长级会议机制和工作组,在政府合作机制框架外增设了上合组织银行联合体和实业家委员会等机构,负责协调相关领域具体合作事宜。[①] 2013 年中国推出"一带一路"倡议,为上合组织经贸发展注入新的动力,成员国在加强经贸合作方面的共识增加。同年,第十三次成员国元首峰会确立经济一体化合作的三个重点领域,一是金融合作,开设上合组织开发银行及上合组织专门账户;二是能源合作,成立能源俱乐部,建立稳定供求关系,确保能源安全;三是农业合作,构建粮食安全合作机制,加强农业生产、产品、贸易合作。2015 年发布的《上海合作组织成员国政府首脑(总理)关于区域经济合作的声明》,进一步强调要加强上合组织多边经贸合作,推动经济一体化,通过深化区域经济合作提高成员国人民福祉,保障成员国经济社会持续发展。

三是扩员后开启经贸合作的新篇章(2018 年至今)。2018 年上合组织青岛峰会发布了《上海合作组织成员国元首关于贸易便利化的联合声明》,翻开了扩员后上海合作组织地区经贸合作的新篇章。2019 年 9 月,上合组织成员国经贸部长第十八次会议审议通过了新版《上海合作组织成员国多边经贸合作纲要》,涵盖了交通基础设施、能源、农业、科技、教育、数字经济、人工智能、金融等创新发展领域,明确了经

---

① 刘华芹、于佳卉:《上海合作组织区域经济合作 20 年回顾与展望》,《欧亚经济》2021 年第 1 期。

贸合作的新方向，上合组织经贸合作驶入快车道。在2022年上合组织撒马尔罕峰会上，成员国提出许多破解经济困境、加强经贸合作的具体措施，达成诸多共识。一是推进贸易投资自由化便利化。《撒马尔罕宣言》指出，开展各种形式的区域经济合作，逐步实现商品、资本、服务和技术的自由流通，落实《上合组织成员国多边经贸合作纲要》。二是开拓创新领域合作。发展电子商务、创新科技，加强数字经济领域合作。三是拓展金融领域合作。加强本币跨境支付结算体系建设，推动建立本组织开发银行，发挥上合组织实业家委员会和银行联合体潜力。四是加快发展互联互通。峰会通过了《上合组织成员国基础设施发展规划》，还提出打造多式联运交通走廊，继续发展现代物流中心等。

3. 上合组织经贸合作的成就与展望

自2001年以来，上合组织经贸合作渐入佳境，取得了重要成就。

一是贸易合作水平不断提升。根据2022年出版的《上海合作组织成立20年贸易发展报告》，2001年至2020年，上合组织成员国贸易总额从6670.9亿美元增长至6.06万亿美元，在全球贸易总值中的占比从5.4%提升至17.5%。在此期间，中国积极推动对上合组织其他成员国的贸易发展，贸易总额从121.5亿美元增长至2453.2亿美元。目前，中国已成为乌兹别克斯坦和巴基斯坦的第一大贸易伙伴，俄罗斯和印度的第二大贸易伙伴，哈萨克斯坦与塔吉克斯坦的第三大贸易伙伴，吉尔吉斯斯坦的第四大贸易伙伴。[①] 作为全球幅员最广、人口最多的综合性区域合作组织，在世界经济贸易整体低迷之际，上合组织各成员国间经贸合作成果却相当亮眼，"再上层楼"。2021年，中国与上合组织其他成员国贸易额高达3433亿美元，同比增长40%，是2001年上合组织成立之初的28倍。这一良好发展势头今年得到延续。据中方统计，截止到2022年8月，中国与上合组织其他成员国贸易额达1.73万亿元人民币，同比增长26%，是中国外贸整体增速的两倍有余。

二是投资合作稳中有进。据联合国贸发数据库统计，上合成员国对外部资金的吸引力逐步增强。从投资流量来看，2001年上合组织成员国外国直接投资流量总额仅为526.18亿美元，到2019年已增至2319.00亿美元。[②] 截至2021年7月底，中国对上合组织成员国各类投资总额超过700亿美元，同期中国企业在上合组织成员国承包工程超过2900亿美元。中国海关总署发布数据显示，2022年前8个月，中国对上合组织其他成员国进出口1.73万亿元，同比增长26%，较同期外贸整体增速提高了15.9%。从投资综合指数来看，近五年来中国、乌兹别克斯坦、印度、俄罗斯分列第1、第2、第3、第4位。其他如哈萨克斯坦、巴

[①] 中华人民共和国青岛海关：《〈上海合作组织成立20年贸易发展报告〉出版发行》，2022年2月16日，http://nanjing.customs.gov.cn/qingdao_customs/406496/406498/4179056/index.html。

[②] 联合国贸发数据库，https://unctadstat.unctad.org/wds/TableViewer/tableView.aspx?ReportId=96740。

基斯坦、塔吉克斯坦和吉尔吉斯斯坦的依次排列基本保持不变。① 投资合作的领域也不断拓展优化，20年来，成员国围绕区域内发展问题，在能源、基础设施与产能以及农业技术等领域开展投资合作。尤其是在2013年"一带一路"倡议提出后，投资建材、汽车、家电组装等加工制造业项目逐渐增多，带动了各国产业转型升级。②

三是金融合作快速增长。2005年上合组织银行联合体的正式成立为上合组织成员国提供了重要的地区金融合作平台。上合组织银行联合体对成员国提供优惠贷款，为改善各成员国的通信、交通、电网等基础设施建设提供支持，中国是上合组织国家优惠贷款的主要提供者。截至2019年一季度末，中国国家开发银行对上合组织成员国、观察员国、对话伙伴国已有项目合作贷款余额496亿美元，累计对上合组织银行联合体成员行、伙伴行发放贷款87亿美元、人民币贷款100亿元。③ 本币互换和本币结算已成为上合组织金融合作的重要方向。目前，中国与俄罗斯、哈萨克斯坦、吉尔吉斯斯坦、塔吉克斯坦和乌兹别克斯坦五国签署有效的双边本币互换协议总规模达1608亿元人民币。④ 2020年11

---

① 陕西一带一路网：《中国与上海合作组织贸易投资指数发布》，2021年10月20日，http://snydyl.shaanxi.gov.cn/article/49247.html。
② 阎德学：《上海合作组织经济合作：成就、启示与前景》，《国际问题研究》2021年第3期。
③ 新华网：《国开行在上合国家贷款余额已近500亿美元》，2019年6月13日，https://baijiahao.baidu.com/s?id=1636208659201587219&wfr=spider&for=pc。
④ 阎德学：《上海合作组织经济合作：成就、启示与前景》，《国际问题研究》2021年第3期。

月上合组织成员国元首理事会发布《莫斯科宣言》，强调支持相关国家在相互贸易中使用本币结算并扩大本币结算份额，对《上合组织成员国扩大本币结算份额路线图》草案进行讨论，认为有必要继续研究包括成立特别专家组在内的解决该问题的措施。2022 年 9 月《上海合作组织成员国元首理事会撒马尔罕宣言》强调，有必要完善项目融资保障，以充分挖掘本组织投资潜力，将继续就建立上合组织开发银行和发展基金（专门账户）进行磋商，有关成员国通过了扩大本币结算份额路线图，支持扩大该领域合作。

展望未来，2021 年 9 月，上合组织成员国元首理事会第二十一次会议顺利召开，此次峰会提出的经贸倡议为上合组织经贸合作新征程指明方向。中国商务部欧亚司负责人在对此次峰会成果进行解读和总结后指出了上合组织未来经贸合作的主要目标与路径：一是力争未来五年同本组织国家累计贸易额实现 2.3 万亿美元目标；二是深化战略对接，促进贸易便利化；三是把握数字机遇，推动高质量发展；四是搭建创新平台，促进互动交流。[①]

（四）上合示范区的成立及其意义

随着经贸合作的重要性提升，经贸合作机制不断完善，地方经贸合作特点突出，潜力凸显。上合组织

[①] 中国商务新闻网：《推动上合经贸合作 中国贡献四大成果》，2021 年 9 月 22 日，https://baijiahao.baidu.com/s? id = 1711598832704931473&wfr = spider&for = pc。

成员国在地理上相毗邻,拓展边境地方合作具有得天独厚的条件。伴随经贸合作的不断深化,地方合作成为新的增长点。① 上合组织成员国地方合作机制在2005年首届欧亚经济论坛上被正式提出。为推动成员国之间的地方合作,中哈霍尔果斯国际边境合作中心、陕西省杨凌农业高新技术产业示范区、广西防城港市中印医药产业园、中国—上海合作组织地方经贸合作示范区相继成立,不断探索地方经贸合作新路径,对于促进上合组织国家与"一带一路"沿线国家经贸合作具有重要意义。

1. 上合示范区的成立

2018年6月10日,习近平主席在上海合作组织成员国元首理事会第十八次会议上宣布,中国政府支持在青岛建设中国—上海合作组织地方经贸合作示范区。2019年7月24日,中央深改委第九次会议审议通过《中国—上海合作组织地方经贸合作示范区建设总体方案》(以下简称《总体方案》)。2019年9月20日,国务院批复《总体方案》,标志着上合示范区建设正式启动。2019年10月20日,商务部、山东省人民政府印发《总体方案》,提出上合示范区要打造"一带一路"国际合作新平台,拓展国际物流、现代贸易、双向投资、商旅文化交流等领域合作,更好发挥青岛在"一带一路"新亚欧大陆桥经济走廊建设和海上合作

---

① 刘华芹、于佳卉:《上海合作组织区域经济合作20年回顾与展望》,《欧亚经济》2021年第1期。

的作用，加强我国同上海合作组织国家互联互通，着力推动形成陆海内外联动、东西双向互济的开放格局。2020年6月17日，青岛市人民政府印发《青岛市加快推进中国—上海合作组织地方经贸合作示范区建设实施方案》，在《总体方案》基础上，提出充分发挥上合示范区在青岛口岸海陆空铁综合交通网络中心的区位优势，统筹海港、陆港、空港、铁路联运功能，按照"物流先导、贸易拓展、产能合作、跨境发展、双园互动"模式运作，着力推进绿色化建设。

2. 上合示范区的意义

上合示范区的建立对于推动上合组织地方经贸合作具有重要意义。上合示范区核心区坐落于胶州湾北岸，距离空港（青岛胶东国际机场）10千米，距离海港（青岛前湾港）15千米，距离铁路港（上合多式联运中心）15千米，通过新建成的青岛胶州湾跨海大桥上合连接线，到青岛主城区仅15分钟，海陆空铁多式联运高效衔接。从全球地理位置来看，上合示范区东接日韩面向亚太地区、北接蒙俄、南连东盟、西接上合组织和"一带一路"沿线国家，区位优势明显。建设上合示范区是赋予青岛的国之重任，其主要任务是推动上合组织国家与"一带一路"沿线国家之间拓展国际物流、现代贸易、双向投资合作、商旅文交流发展和海洋等领域合作，推动形成陆海内外联动、东西双向互济的开放格局。建设上合示范区，推动上合示范区高质量发展，使上合示范区发展需求与"一带一路"高质量建设相契合,将青岛建设成为"一带一路"国际合作新平台,这对于推动上合示范区更好地服务于国家对外开放大局,强化地方使命担当具有重要意义。

一方面,上合示范区本身就是一项体制机制创新,为上合组织和"一带一路"国际经贸合作探索路径、积累经验、提供示范。上合示范区按照"物流先导、跨境发展、贸易引领、产能合作"发展模式,积极探索与上合组织国家经贸合作模式创新,形成可以复制和推广的上合组织地方经贸合作经验做法,全力打造面向上合组织国家的对外开放新高地。

另一方面,上合示范区从物流、外贸、投资等多方面搭建了与上合组织国家及"一带一路"沿线国家和地区双向交流的平台,全方位促进上合组织国家及"一带一路"沿线国家和地区开展地方经贸合作。一是建设国际物流中心,全面提升互联互通水平。推动海陆空铁区域物流一体化发展,建设"一带一路"、东盟物流集散中心,打造物流运行体系完善、产业优势要素聚集的国际物流枢纽。二是建设现代贸易中心,加强贸易往来合作。挖掘贸易合作潜力,发展跨境电商、新型易货贸易等新业态新模式,创新服务贸易路径,提升贸易便利化水平,打造上合组织国家间地方经贸合作样板。三是建设双向投资中心,深化产业合作。加强与上合组织和"一带一路"沿线国家的城市间交流,促进优势产能国际合作,加强技术转移与转化,深化农业领域交流,探索与上合组织和"一带一路"沿线国家双向投资与合作新模式。四是建设商旅文化中心，促进人文交流。深化旅游文化、教育体育、医疗健康和法律服务等领域合作，开发上合组织国家旅游线路，打造具有上合特色的旅游产品，探索新冠肺炎疫情持续蔓延形势下商旅文交流合作的新路径、新机制、新平台。

2022年9月上合组织撒马尔罕峰会发表《上海合作组织成员国元首理事会撒马尔罕宣言》，宣言特别提出以青岛"上合示范区"为平台深化上合组织成员国经贸合作的建议，指出"成员国将通过落实《上合组织成员国地方合作发展纲要》，举行并继续拓展上合组织成员国地方领导人论坛形式，包括有关国家利用青岛的中国—上合组织地方经贸合作示范区平台，进一步深化地方合作"。

二　上合示范区与"一带一路"建设

"十三五"时期,习近平总书记两次亲临青岛,赋予青岛"办好一次会,搞活一座城"、建设现代化国际大都市、打造"一带一路"国际合作新平台的重任。青岛获批建设中国—上海合作组织地方经贸合作示范区、中国(山东)自由贸易试验区青岛片区重大开放平台,和国家进口贸易促进创新示范区、省级"一带一路"综合试验区开放载体,这为青岛参与"一带一路"建设提供了新机遇。

(一)上合组织国家在"一带一路"建设中的地位

上合组织与"一带一路"倡议渊源颇深。上合组织与"一带一路"倡议都由中国首倡,是中国外交的重要组成部分,二者都是中国扩大对外开放、参与全球经济治理的重要实践平台。例如,"一带一路"倡议的首倡地哈萨克斯坦就是上合组织创始成员国。从二者的相似性来看,在合作理念上,上合组织与"一带一路"倡议都强调和平、互利、合作、共赢的新理念。在合作重点上,上合组织与"一带一路"倡议都聚焦于经贸合作，尤其是地区和双边经贸合作。此外，上合组织绝大部分成员国、所有观察员国和对话伙伴国均为"一带一路"参与国，这为合作推动"一带一路"高质量发展提供了新动力。但二者之间也存在较大区别。上合组织是一个有着明确区域指向的地区多边国际组织，成员国之间在地理上相近，且上合组织有具体章程并设立了秘书处这一实体机构；而"一带一路"是一个更为开放的国际合作倡议，除沿线国家之外，全球其他国家同样是共建"一带一路"的合作对象，且"一带一路"倡议的机制化建设程度存在较大提升空间。此外，中国与俄罗斯是上合组织最重要的两个推动者，而"一带一路"倡议主要由中国主导推动，但需要参与国共同合作建设。"一带一路"倡议为上合组织发展增添了新的发展动力，提供了新的发展机遇，上合组织也成为促进"一带一路"与沿线国家发展战略对接的主要平台。"一带一路"与上合组织相辅相成，相互促进，共同发展，有力推动了中国进一步对外开放和拓展国际合作，提升了中国在国际舞台上的影响力和话语权。[①]共建"一带一路"成为深受欢迎的国际公共产品和国际合作平台。[②]

[①] 李进峰：《上海合作组织20年：成就、挑战与前景》，社会科学文献出版社2021年版，第270页。

[②] 习近平：《高举中国特色社会主义伟大旗帜　为全面建设社会主义现代化国家而团结奋斗——在中国共产党第二十次全国代表大会上的报告》，人民出版社2022年版，第9页。

1. 上合组织国家参与"一带一路"建设的基础条件和优势

上合组织成员国、观察员国甚至对话伙伴国均是"一带一路"沿线国家,除印度外的其他成员国都积极参与"一带一路"建设,与中国签署"一带一路"合作文件。除中国外,上合组织的其他七个成员[①](除特别强调外,本部分主要讨论这七个成员国)的经济规模差距较大,且经济增速长期呈现分化态势,成员经济结构和禀赋差异明显,发展水平差别较为明显。在新冠肺炎疫情冲击下,各国之间的复苏速度也存在较大差异。具体而言,上合组织国家的经济状况表现在以下三个方面。

第一,经济规模差异大,发展水平差别较为明显。根据国际货币基金组织(IMF)统计数据(美元现价,下同),七国中印度和俄罗斯经济体量较大,2021年GDP总额分别为3.04万亿美元和1.78万亿美元;巴基斯坦、哈萨克斯坦和乌兹别克斯坦次之,分别为3477.4亿美元、1908.1亿美元和692.0亿美元;吉尔吉斯斯坦与塔吉克斯坦经济体量较小,GDP总量仅为85.4亿美元和84.7亿美元。[②] 经济体量最大的印度是体量最小的乌兹别克斯坦的近360倍。七国人口总量差异较大,人均发展水平差异较为明显。据IMF统计

---

① 2022年9月16日撒马尔罕峰会期间,成员国签署了关于伊朗伊斯兰共和国加入上合组织义务的备忘录,伊朗即将成为上合组织的正式成员。

② 本节统计数据均来自国际货币基金组织,见 International Monetary Fund, World Economic Outlook Database, https://www.imf.org/en/Publications/WEO/weo-database/2022/April。

数据，俄罗斯与哈萨克斯坦人均GDP水平较高，分别为12198.2美元和9976.9美元，印度、乌兹别克斯坦和巴基斯坦分别为2190美元、2002.4美元和1562.3美元，而吉尔吉斯斯坦和塔吉克斯坦人均GDP相对较低，分别为1283.0美元和877.6美元。人均GDP最高的俄罗斯是最低的塔吉克斯坦的近14倍。相较于这些上合组织成员国而言，山东省2021年GDP为8.31万亿元，青岛市2021年GDP为1.41万亿元，山东省乃至青岛市的经济规模已经超过了多数上合组织成员国。

第二，后疫情时代经济复苏增速分化。受新冠肺炎疫情影响，上合组织成员国在2020年经济普遍陷入衰退后，在2021年均实现了复苏，但各国之间的复苏速度存在较大差异。据IMF统计，2021年上合组织成员国经济整体呈现复苏态势。印度、巴基斯坦、乌兹别克斯坦和塔吉克斯坦四国GDP增速维持在中高速区间，分别为8.9%、5.6%、7.4%和9.2%。吉尔吉斯斯坦增速为3.7%，较2020年回升12.3%。随着石油价格高位波动，俄罗斯和哈萨克斯坦2021年经济表现良好，增速分别为4.7%和4.0%。根据IMF最新预测数据，受俄乌冲突、大宗商品价格波动和疫情不确定性等因素影响，2022年全球经济增速整体放缓，俄罗斯2022年经济预期萎缩8.5%，印度的经济增速有望保持较快复苏势头，2022年预期增速为8.2%，而其他区域国家经济增速均将有所放缓，其中哈萨克斯坦增速则小幅降至2.3%，巴基斯坦、塔吉克斯坦、吉尔吉斯斯坦和乌兹别克斯坦的预期增速为4%、2.5%、

0.9%和3.4%。整体而言，受制于地缘政治冲突和新冠肺炎疫情影响，全球经济脆弱性上升，上合组织大部分成员经济在2022年的增长动力不足。

第三，成员经济结构差异明显，大部分成员中长期增长形势不明朗。印度和巴基斯坦这两个上合组织新成员国发展潜力较强。据IMF预测数据，印度和巴基斯坦在未来5年内将分别保持6.7%以及4.7%左右的平均增速。相较于印巴两国，上合组织中的五个独联体国家经济结构较为单一。除乌兹别克斯坦外，其余四国高度依赖自然禀赋。俄罗斯和哈萨克斯坦两国经济对石油天然气产业依赖较大。受油价上涨以及国内经济刺激政策的驱动，俄哈两国经济在2021年均实现了较强劲的增长。但随着地缘风险上升、外部需求减弱以及贸易摩擦的负外部性开始显现，两国经济中长期前景并不明朗。吉尔吉斯斯坦和塔吉克斯坦经济主要依赖农牧业和采掘业，经济增长动力较为匮乏，且对外贸易依存度较高，对周边国家经济状况较为敏感。吉尔吉斯斯坦最大的库姆托尔金矿产值占全国工业产值近四成，该金矿产能下降已对本国经济造成比较明显的影响。乌兹别克斯坦正在由传统的农业国向工农并重国家转变，虽经历汇改阵痛，但该国经济结构相较于其他独联体成员更为多元，中长期增长势头向好，此外，受外部需求疲软的冲击，IMF预期其未来五年的平均经济增速有望达到5.3%。整体上看，印度经济的中长期增长势头较为明确，其余成员经济均面临一定程度的不确定性，尤其是俄罗斯在未来五年经济面临较大不确定性。

尽管上合组织国家的经济实力各不相同,但在历经20年的发展后,上合组织在安全、经贸、人文等领域取得了突出合作成果,改善了地区的安全和发展环境,为地区国家参与共建"一带一路"创造了有利条件,并为"一带一路"倡议在该地区的双边和小多边合作提供了相应的制度基础。

在安全层面,上海合作组织将安全议题置于组织合作的核心位置,在《打击恐怖主义、分裂主义和极端主义上海公约》《上海合作组织反恐怖主义公约》《上海合作组织反极端主义公约》等公约和一系列行动计划的引导下,建立了严密高效的执法安全合作网络,在打击"三股势力"、毒品走私和跨国有组织犯罪等方面取得了丰硕的成果。成员国通过强化互信与合作,而非增加本国军事投入的方式来实现国家和区域安全,逐渐形成了独具上合特色的"新安全观",为区域安全和稳定探索出了一条新路子。

在经贸层面,随着上合组织在安全领域的合作取得较大进展,区域经济合作逐渐成为上合组织的另一个重要发展目标。2003年,上合组织成员国签署《上海合作组织成员国多边经贸合作纲要》,对上合组织经贸合作进行了短期、中期和长期规划,为贸易投资创造有利条件,有力推动了贸易投资便利化进程。同时,上海合作组织建立了经贸、交通、能源、通信和海关等多个部长级协调机制,签署了《上海合作组织至2025年发展战略》《2017—2021年上海合作组织进一步推动项目合作的措施清单》《上海合作组织成员国政府间国际道路运输便利化协定》等中长期合作纲要，不断为区域经贸合作注入动力。在2014年克里米亚危机后，俄罗斯加大了对上合组织经贸合作的推动力度，多边经贸合作加速推进。

在人文层面，上合组织人文交流合作实现了多元化发展。相对安全合作与经济合作而言，人文合作是上合组织国家之间相互交往的重要渠道和民心相通工程的核心载体。上合组织人文交流的主题包括文化、旅游、艺术、体育、教育和环保等，并推出了上合组织国家艺术节、电影节、音乐会、画展等重点项目，丰富了上合组织成员国之间的沟通渠道，加深了成员国民众之间的互相了解。[①] 上合组织秘书处还针对青年群体举办了面向中学生和大学生的"上合组织开放日""模拟上合组织"等系列青年活动，有力促进了组织内各国青年人的交流。在新冠肺炎疫情全球暴发期间，中国与上合组织成员国在疫情中守望相助，互相支持，不仅提升了抗疫成效，还增进了各国人民之间的亲切感和共同体感。公共卫生治理合作逐渐成为上合组织成员国之间合作新的增长点。

可以说，上合组织在安全、经贸和人文这三个层面取得的发展成果，为促进中国与其他成员国之间的双边关系发展和共建"一带一路"，奠定了坚实的器物、制度和观念基础。

[①] 韩璐：《上海合作组织与"一带一路"的协同发展》，《国际问题研究》2019年第2期。

2. 上合组织国家参与"一带一路"建设的进展

"一带一路"倡议提出后得到了上合组织和上合组织成员国的积极响应,在组织层面,近年来的上合组织元首峰会宣言均对"一带一路"倡议表达了明确支持(详见表2-1);在成员国层面,多数上合组织成员国已将本国发展战略同"一带一路"倡议对接,推动共建"一带一路"取得务实成果。可以说,自"一带一路"倡议提出起,中国与其他上海合作组织成员国的合作就进入了新的阶段。

表2-1　上合组织元首峰会中涉及"一带一路"倡议的表述

序号	时间、地点和文件名称	峰会公报中对"一带一路"倡议的表述
1	2015年乌法《上海合作组织成员国元首乌法宣言》	成员国支持中华人民共和国关于建设丝绸之路经济带的倡议,认为上合组织成员国相关主管部门开展相互磋商和信息交流具有重要意义
2	2016年塔什干《上海合作组织成立十五周年塔什干宣言》	成员国重申支持中华人民共和国关于建设丝绸之路经济带的倡议,将继续就落实这一倡议开展工作,将其作为创造有利条件推动区域经济合作的手段之一
3	2017年阿斯塔纳《上海合作组织成员国元首阿斯塔纳宣言》	成员国欢迎"一带一路"倡议,高度评价2017年5月14日至15日在北京举行的"一带一路"国际合作高峰论坛成果并愿共同落实,支持在相互尊重、平等互利原则基础上促进可持续发展的各项国际、地区和国别倡议对接合作
4	2018年青岛《上海合作组织成员国元首理事会青岛宣言》	哈萨克斯坦共和国、吉尔吉斯共和国、巴基斯坦伊斯兰共和国、俄罗斯联邦、塔吉克斯坦共和国和乌兹别克斯坦共和国重申支持中华人民共和国提出的"一带一路"倡议,肯定各方为共同实施"一带一路"倡议,包括为促进"一带一路"和欧亚经济联盟对接所做的工作。各方支持利用地区国家、国际组织和多边合作机制的潜力,在上合组织地区构建广泛、开放、互利和平等的伙伴关系

续表

序号	时间、地点和文件名称	峰会公报中对"一带一路"倡议的表述
5	2019年比什凯克《上海合作组织成员国元首理事会比什凯克宣言》	哈萨克斯坦共和国、吉尔吉斯共和国、巴基斯坦伊斯兰共和国、俄罗斯联邦、塔吉克斯坦共和国、乌兹别克斯坦共和国重申支持中华人民共和国提出的"一带一路"倡议,高度评价2019年4月25日至27日在北京举行的第二届"一带一路"国际合作高峰论坛成果,肯定各方为共同实施"一带一路"倡议,包括为促进"一带一路"倡议和欧亚经济联盟建设对接所做工作
6	2020年莫斯科《上海合作组织成员国元首理事会莫斯科宣言》	哈萨克斯坦共和国、吉尔吉斯共和国、巴基斯坦伊斯兰共和国、俄罗斯联邦、塔吉克斯坦共和国、乌兹别克斯坦共和国支持中华人民共和国提出的"一带一路"倡议,肯定各方为共同实施"一带一路"倡议,包括为促进"一带一路"建设与欧亚经济联盟建设对接所做工作
7	2021年杜尚别《上海合作组织二十周年杜尚别宣言》	哈萨克斯坦共和国、吉尔吉斯共和国、巴基斯坦伊斯兰共和国、俄罗斯联邦、塔吉克斯坦共和国、乌兹别克斯坦共和国重申支持中华人民共和国提出的"一带一路"倡议,肯定各方为共同实施"一带一路"倡议,包括为促进"一带一路"建设与欧亚经济联盟建设对接所做工作
8	2022年撒马尔罕《上海合作组织成员国元首理事会撒马尔罕宣言》	哈萨克斯坦共和国、吉尔吉斯共和国、巴基斯坦伊斯兰共和国、俄罗斯联邦、塔吉克斯坦共和国、乌兹别克斯坦共和国重申支持中华人民共和国提出的"一带一路"倡议,支持各方为共同实施"一带一路"倡议,包括为促进"一带一路"建设与欧亚经济联盟建设对接所做工作

资料来源:上海合作组织官方网站,http://chn.sectsco.org/documents/。

俄罗斯将自身主导的欧亚经济联盟与"一带一路"倡议进行对接。作为上合组织的"双引擎",中俄两国于2015年签署了《关于丝绸之路经济带建设和欧亚经济联盟建设对接合作的联合声明》,并于2018年签署了经贸合作协定。该协定是中国与欧亚经济联盟在经贸方面首次达成的重要制度性安排，标志着双方经贸合作从各个具体项目合作，进入由统一制度引领的高质量合作新阶段。这有利于进一步减少中国与欧亚经济联盟成员国非关税贸易壁垒，提高贸易便利化水平，为双方经贸合作提供制度性保障。[①] 整体而言，随着国际格局变化、中俄双边关系的深入发展，以及"一带一路"倡议取得诸多务实建设成果，俄罗斯参与"一带一路"建设的态度越来越积极。在2014年克里米亚危机后俄罗斯政策"转向东方"凸显，以寻求发展新机遇。"一带一路"倡议成为俄破解政治经济困局、缓解美欧战略压力的重要抓手。在高层共识的推动下，中俄"一带一路"合作逐步加速。当然，欧亚经济联盟成员出于保护内部市场的立场，在与中国建设自由贸易区上的积极性有待提高，这也是"一带一路"建设与欧亚经济联盟深入对接面临的主要问题之一。

巴基斯坦积极响应"一带一路"倡议，中巴经济走廊建设取得实质性进展。中国和巴基斯坦是全天候战略合作伙伴，政治互信为巴基斯坦参与共建"一带一路"提供了坚实基础。2017年12月，《中巴经济走廊远景规划（2017—2030年）》正式发布，把中国"一带一路"倡议和巴基斯坦"愿景2025"进行有效对接，重点向着互联互通、能源、经贸及产业园区等领域发展，中巴经济走廊成为巴基斯坦发展国内交通

---

① 韩璐：《上海合作组织与"一带一路"的协同发展》，《国际问题研究》2019年第2期。

基础设施的重要机遇。中巴经济走廊连接中国新疆与巴基斯坦瓜达尔港，是"一带一路"建设的旗舰项目。这一走廊的建成有望转变巴基斯坦的经济格局，帮助巴基斯坦解决能源短缺、产业落后和港口发展滞后等问题。当前，中巴跨境光缆、喀喇昆仑公路升级改造项目、拉合尔轨道交通橙线项目的发展为两国经济合作奠定了基础。此外，中巴还在"一带一路"倡议下重点发展现代农业、科技和旅游业等诸多产业。例如，卡洛特水电站和苏吉吉纳里水电站等项目的推进，将大大缓解当地电力短缺的瓶颈。

哈萨克斯坦将其"光明之路"新经济政策与"一带一路"倡议进行对接。中哈两国于2016年9月签署了《丝绸之路经济带建设与"光明之路"新经济政策对接合作规划》。目前中哈在"一带一路"框架内的合作取得了较大进展，尤其是交通物流合作成果颇丰，中国已成为哈萨克斯坦主要贸易伙伴。2020年，中国成为哈萨克斯坦第二大贸易伙伴国，也是哈萨克斯坦第一大出口目的国和第二大进口来源国。在具体的产能合作上，两国在稳固能源、交通和农业等传统合作领域进行合作的同时，还推进了在信息通信、公共卫生和跨境电商等新兴领域的合作。中哈图尔古松水电站项目顺利推进，该项目是哈萨克斯坦独立以来东哈州建设的首个水电站项目，项目建成后将大幅度降低当地用电成本。同时，中哈积极推动"数字丝绸之路"建设，以及新疆中亚互联（国际）孵化器有限公司在深圳和阿拉木图的电子信息研究中心的运营。同时，中哈在"一带一路"民心相通领域的合作也取得丰硕成果，哈萨克斯坦5所孔子学院联合举办线上中文夏令营，吸引了来自哈萨克斯坦、俄罗斯、乌克兰、伊朗、保加利亚等十余个国家数百名中文爱好者参加。① 2019年，青岛大学与哈萨克斯坦管理、经济与战略研究院（KIMEP大学）签署全面合作备忘录，开启中哈大学交流合作新篇章。

乌兹别克斯坦积极推动本国发展战略与"一带一路"倡议进行对接。乌兹别克斯坦的国家整体发展战略为"进入发达民主国家行列"②，中乌两国于2015年6月签署了《关于在落实建设"丝绸之路经济带"倡议框架下扩大互利经贸合作的议定书》。2017年，乌兹别克斯坦颁布了《乌兹别克斯坦五个优先发展方向：2017—2021年行动战略》，其主要内容和规划方向与中国的"一带一路"倡议高度契合，为中乌共建"一带一路"带来新机遇。③ 近年来，中国已成为乌兹别克斯坦的最大贸易伙伴国，乌对中进出口贸易均领先其他国家。同时，中乌之间的一些大项目进展顺利，如乌卡季林3号水电站和沙赫里汗2号水电站改造项目顺利完工，该项目得到中国进出口银行融资支持。"中吉乌"公铁联运国际货运班列开通，这是国内首

---

① 杨进：《2020年中国与中亚国家战略伙伴关系的评估与展望》，载谢伏瞻主编《中国周边关系蓝皮书：中国与周边国家关系发展报告（2021）》，社会科学文献出版社2021年版，第57—77页。

② 李进峰：《上海合作组织20年：成就、挑战与前景》，社会科学文献出版社2021年版，第172页。

③ 韩璐：《上海合作组织与"一带一路"的协同发展》，《国际问题研究》2019年第2期。

趟在国外运输段采用"铁路—公路—铁路"多式联运方式组织开行的中欧班列,该线路预计比经由哈萨克斯坦的铁路线路缩减 5 天左右的运输时间。同时,中国乌兹别克斯坦传统医学中心在乌首都塔什干开始试营业,这是中乌携手打造"健康丝绸之路"的最新成果。①

塔吉克斯坦积极参与"一带一路"合作。《塔吉克斯坦共和国 2030 年国家发展战略》是塔吉克斯坦当前最为重要的发展战略,塔吉克斯坦在这一战略的指导下,积极开展与"一带一路"倡议的对接,尤其是在互联互通领域取得了丰硕成果,包括艾尼—彭基肯特高速公路、中塔公路等一系列基础设施项目的建成,不仅改善了塔吉克斯坦交通状况,还进一步促进了上合中亚成员国之间的互联互通水平。目前,中国成为塔吉克斯坦第二大贸易伙伴和最大投资来源国。在产能合作上,中塔合资"TK-oil"公司投资建设的炼油厂项目不仅提升了塔吉克斯坦的炼油能力,还改善了该国的成品油市场供应结构,降低了其对进口的依赖。中方援建的塔议会大厦和政府办公大楼是中塔发展援助的重大项目。华为公司同塔国内电信运营商合作启动了塔方 5G 网络一期运营,该项目已成为中塔共建"数字丝绸之路"的重要一步。

吉尔吉斯斯坦也积极响应"一带一路"倡议。

---

① 杨进:《2020 年中国与中亚国家战略伙伴关系的评估与展望》,载谢伏瞻主编《中国周边关系蓝皮书:中国与周边国家关系发展报告(2021)》,社会科学文献出版社 2021 年版,第 57—77 页。

《2018—2040年国家发展战略》是吉尔吉斯斯坦当前最为主要的国家发展战略，该战略与"一带一路"倡议之间拥有大量的合作议题和空间，中吉双方均积极推动双边经贸合作，两国之间的贸易和投资规模不断扩大。当前，中国是吉尔吉斯斯坦第一大贸易伙伴和第一大投资来源国。

上合组织国家通过参与"一带一路"建设，发展了一大批公路、电站和管线工程，提升了自身基础设施发展水平，不仅有利于参与国经济发展，还推动区域国家之间初步形成涵盖公路、铁路、油气和通信的基础设施网络，为上合组织合作的深入推进以及共建"一带一路"高质量发展打下了良好的基础。

（二）青岛在"一带一路"建设中的地位

从经济、社会、地理和文化角度看，青岛既是中国北方和东部地区的重要经济体和长江以北地区的经济出海口，又处在东北亚地区的中心位置，其海洋特色十分突出。青岛与"一带一路"不仅有着悠久的历史渊源，而且在融入"一带一路"建设中取得了积极成果。唐宋时期，在胶州湾北岸设立板桥镇，并设置我国北方唯一的市舶司，古代海上丝绸之路东线从这里起航。近代及新中国成立以来，青岛都是我国沿海地区重要的外贸港口城市。改革开放以来，青岛与"一带一路"沿线国家积极开展经贸合作。在参与"一带一路"建设中，青岛是陆海交汇的"双节点"

城市，在国内大循环中，青岛具有连接南北、贯通东西的"节点"地位。在深度参与"一带一路"建设的进程中，青岛积极推进政策沟通、设施联通、贸易畅通、资金融通、民心相通，全面加强与共建"一带一路"国家间的交流合作。

1. 青岛参与"一带一路"建设的基础条件和优势

（1）地理区位条件和优势

适宜的自然环境和区位优势是青岛在全国众多港口城市中脱颖而出的重要基础。

第一，青岛拥有优越的港口条件。青岛港位于北纬36度黄金纬度线上，处于环渤海地区港口群、长三角港口群、日韩港口群和东北亚港口群的中心位置。青岛港是天然深水良港，终年不冻，风况对港口影响小，适宜航运。港内水域宽阔、水深浪静，适宜建设大型深水泊位。

第二，青岛是海陆交汇的节点。青岛具备连接南北、贯通东西的"双节点"价值。一方面，青岛东衔日韩东北亚、西接上合组织和"一带一路"沿线国家，是东西双向海陆交汇的重要节点。另一方面，青岛作为东部沿海城市，又是黄河流域的出海口，是推动国内经济大循环的重要枢纽。

第三，青岛的腹地辐射力和支撑力强。青岛港在中国北方港口中航线最多、密度最大，是华北地区进出口贸易的重要港口。青岛港码头、物流、金融一体化联动，面向本省、中原地区和西北地区推出了包括海铁联运、干散货、件杂货等系列服务政策，通过更低的运输成本、更快的通关效率进一步开拓腹地市场。

（2）基础设施条件和优势

完善的港口布局、便捷的集疏运体系和发达的配套服务业，为青岛参与"一带一路"建设提供了独特的基础设施条件。

第一，青岛海陆空交通网络发达。青岛与世界上180多个国家和地区的700多个港口有着贸易往来，实现了买卖全球。在空中，2021年末胶东国际机场拥有国内航线161条，国际航线9条，港澳台地区航线1条；在海上，拥有集装箱航线超过200条，航线密度稳居中国北方港口第一位；在陆上，公路网络密集，铁路横贯东西，海铁联运线路覆盖全国，直达中亚、欧洲，2019年完成海铁联运箱量139万标准箱，位居全国沿海港口首位。[①]

第二，青岛的港口联动优势显著。山东港口青岛港由青岛大港港区、黄岛油港区、前湾港区、董家口港区和威海港五大港区组成。五大港区发展各有侧重，共拥有生产性泊位112个，其中万吨级以上泊位87个。2021年货物吞吐量完成6.57亿吨，同比增长4.2%；集装箱完成2482万标准箱，同比增长7.8%。在2019年联合国贸发会议发布的全球港口连通性指数

---

① 青岛市统计局、国家统计局青岛调查队：《青岛统计年鉴2021》，中国统计出版社2021年版，第7页；青岛港：《青港简介》，https://www.qdport.com/#/zyyw，访问时间：2022年5月1日。

中，青岛港列全球第八、中国第四。①

第三，青岛的软硬件设施高质量发展。硬件方面，青岛新建的4F级胶东国际机场是以面向日韩和上合组织国家为主的亚洲第二大机场，青岛港拥有一流的硬件设施，前湾集装箱码头拥有24个深水集装箱船舶专用泊位，可容纳世界上各类船只。在软件上，青岛港作业效率保持世界领先，特别是集装箱、铁矿石、纸浆等货种作业效率保持世界第一。

（3）产业发展条件和优势

青岛工业部门基础雄厚、门类齐全、结构完备，具备发展"智能制造"的先天优势；服务业发展迅速，已成为经济增长的引擎；而海洋产业则对三大产业均有明显的带动作用。

第一，青岛制造业品牌知名度高。作为以制造业闻名的城市，青岛拥有结构完备的工业体系，海尔、海信、青啤、双星和澳柯玛等一批制造业龙头企业走出国门，发展为世界知名品牌。同时，青岛在汽车制造、新能源汽车、轨道交通、船舶海工、机器人、电子信息等高端制造业方面具备一定优势，拥有中车四方和歌尔声学等一批知名企业。

第二，青岛服务业发展迅速。2011年，青岛服务业首次超过第二产业，成为国民经济第一大产业；2013年，青岛服务业增加值占GDP比重首次超过50%；2021年，青岛服务业占GDP比重为61.4%，

---

① 青岛港：《青港简介》，https://www.qdport.com/#/zyyw，访问时间：2022年5月1日。

比上年提高 0.5 个百分点,对经济增长贡献率为 65.7%。[①] 可以说,青岛的服务业实现了从小到大、从弱到强、从单纯保障民生到支撑实体经济发展和满足人民美好生活需要的巨大转变。

第三,青岛海洋产业禀赋丰裕。青岛经济最大的优势和最鲜明的特色是自身海洋经济禀赋。一是青岛海域广阔,超过陆域面积 1000 平方千米;二是有很强的海洋科研力量;三是有比较完整的海洋产业体系;四是有海洋特色突出的功能园区;五是有比较好的海洋经济发展基础和成果。

第四,青岛的工业互联网蓬勃兴起。工业互联网是我国"新基建"的重要组成部分。近年来,青岛以打造"中国工业互联网之都"为目标,以推进制造业与互联网融合创新发展为主线,聚力构筑工业互联网新优势。青岛"工业互联网平台应用创新体验中心"是国内首批七个国家级工业互联网平台应用创新体验中心之一。海尔卡奥斯平台位列中国科学院《互联网周刊》工业互联网领域排名榜首。

(4)科技人才条件和优势

海洋科技是青岛参与"一带一路"建设的独特优势。在依托自身良好的教育科研资源的基础上,青岛还加大招才引智力度,奠定了高质量的科研人才基础。

第一,海洋科技实力雄厚。青岛拥有海洋科学与技术试点国家实验室、中科院海洋大科学中心和青岛

[①] 青岛市统计局、国家统计局青岛调查队:《青岛统计年鉴 2021》,中国统计出版社 2021 年版,第 7 页。

海洋生物医药科技创新中心等国家级创新平台，聚集了全国近30%的涉海院士、近三分之一的部级以上涉海高端研发平台，海洋生产总值占全市经济总量的近三成。国家深海基地是世界上第五个深海技术与装备支撑保障基地，服务国家深远海战略，形成以蛟龙、海龙和潜龙为代表的"三龙"系列深海运载装备体系。

第二，教育科研资源丰富。青岛现有各类大专院校（含民办高校）27所，国家重点实验室9家，国家级工程技术研究中心10家，省级工程技术研究中心82家。近年来，青岛高校在"双一流"建设上取得突破，山东大学和中国海洋大学入选国家"一流大学"建设高校，中国石油大学（华东）入选国家"一流学科"建设高校，青岛大学等高校共11个学科入选山东省"一流学科"。[①]

第三，招才引智成效显著。2018年，青岛市印发实施《关于实施人才支撑新旧动能转换五大工程的意见》《关于推进共建"一带一路"教育行动做好新时期教育对外开放工作的意见》，开展"青岛招才引智名校行"等活动，加强招才引智政策宣讲。目前，青岛已经引进了50余家高端研发机构和30余所高等教育机构，建立了30家海外引才引智工作站。李沧区院士港项目建设初建成效，已签约引进院士108名。[②]

（5）营商环境条件和优势

营商环境是企业家进行投资决策时最为关心的问

---

① 数据来自青岛市教育局。
② 数据来自青岛市商务局、人力资源和社会保障局。

题。青岛加速推进制度建设和政策创新,为企业营造良好的营商环境。

第一,青岛拥有市场友好型的制度环境。为营造让企业家感到友好舒适的营商环境,青岛推进实施了在17个经济部门设置市场配置促进处、公共政策制定公开答辩、政府购买法律服务督促惠企政策落实等一系列创新举措,着力打造市场化、法治化、专业化、开放型、服务型、效率型"三化三型"政府,为企业提供可预期、可信赖的制度环境。①

第二,青岛拥有高质量的公共服务。自2018年起,青岛深化"一次办好"改革,提升公共服务水平。其中,地方立法设定的涉及8个市直部门的21项审批事项全部取消。建设"一窗式"综合受理平台,将839个窗口压缩至228个,压缩率65%。实施"3540"改革,将审批时限缩至全国最短。推行"多证合一"改革,开展"证照分离"改革试点,企业办证时限缩短40%。②

第三,青岛注重政策创新。青岛围绕上合示范区建设,梳理形成一批需要上级支持的政策,争取落地实施。国家外汇管理局已批复青岛试点10项外汇资本项下便利化政策。青岛海关出台了17项海关监管便利化措施。市直有关部门和上合示范区所在的胶州市也加大制度创新力度,目前上合示范区创新完善各类重要制度15项,其中体制机制类2项、扩大开放类2

---

① 《青岛日报》2020年7月15日第13版。
② 数据来自青岛市发展和改革委员会。

项、保障服务类11项，初步形成了一批可复制推广的经验。

（6）城市文化条件和优势

青岛不仅拥有久远的历史和海洋文化，还是一座有着开放气质和基因的城市，古今中西文化在青岛交融，和谐共存。

第一，历史文化资源丰富。作为中国的历史文化名城，青岛文化资源丰富、底蕴深厚。北辛文化、大汶口文化、龙山文化、岳石文化等一系列古文化遗址，将青岛文明史上溯到7000多年前。青岛古属齐地，齐文化是青岛文化传统的底色，也与崂山道教渊源颇深。青岛现存太清宫、上清宫和明霞洞等极具代表性的宗教建筑，是中国传统思想文化在青岛的重要体现。

第二，海洋文化底蕴深厚。崂山、琅琊台、天柱山魏碑、齐长城等历史遗迹体现了青岛海洋文化与齐鲁文化的交融。青岛现有与海洋有关的国家级非物质文化遗产项目4个：即墨区渔民开洋节、谢洋节、青岛西海岸新区徐福传说、崂山民间故事，省级非物质文化遗产项目6个和市级非物质文化遗产项目11个。北阡遗址、大珠山遗址、黄岛海防遗迹群等"海丝"遗址列入第五批省级文物保护单位。琅琊台遗址和青岛天后宫等遗产点列入海上丝绸之路保护与申遗的遗产点储备。

第三，中西文化交汇交融。开埠后，青岛胸襟开阔、思想开放的海洋文化传统促进了青岛传统风俗与外来文化的交汇融合。受西方建筑风格影响，青岛老街区风貌颇具欧洲特色，八大关建筑群素有"万国建筑博览会"之称。青岛国际啤酒节和中国海洋节等节会活动体现了青岛中西文化交融的生机与活力。

2. 青岛参与共建"一带一路"建设的进展

"十三五"时期，青岛努力推进"一带一路"建设，与沿线国家在互联互通、经贸合作、产业合作、金融合作和人文交流等方面都取得了显著成效。[①]

第一，互联互通水平提升。一是港口建设方面，青岛港已与全球24个港口建立友好港关系，与180多个国家和地区的700多个港口保持贸易往来，海上航线达170多条，内陆港总数达到18个。二是机场建设方面，青岛机场国内航线新增22条、加密7条，新开巴黎、迪拜等8条国际及地区航线。胶东国际机场顺利投入使用，成为亚洲第二大国际机场。三是多式联运方面，"齐鲁号"欧亚班列开行量达781列，直达9个国家、36个城市。"日韩陆海联运""上合快线"等服务产品、"点对点"公共班列实现常态化运行。

第二，经贸合作提质增效。一是围绕加快上合示范区建设，重点推进国际物流、现代贸易、双向投资合作、商旅文交流发展等领域的合作，研究制定加快上合示范区建设实施意见。成立上合示范区青岛多式联运中心，获批成为首批22个国家物流枢纽之一。二是围绕加快自贸区建设，深入开展海关特殊监管区企业增值税一般纳税人资格试点、汽车平行进口试点、

---

① 本节统计数据来自青岛市发展和改革委员会。

跨境电商零售进口政策试行等先行先试工作。自贸区青岛片区106项改革创新试点完成98项，形成68个创新案例；国家外汇管理局10项外汇政策、海关17条政策措施在上合示范区试点实施。

第三，产业合作多元化发展。一是多元化开拓国际市场。青岛累计与102个城市建立经济合作伙伴关系。建成并运营新加坡、日本、韩国、以色列、俄罗斯等9个境外青岛工商中心。二是积极培育海外园区。支持青岛优势企业和项目开展"一带一路"合作，海尔、海信、赛轮、即发等企业先后在"一带一路"沿线国家建设了一批生产基地。三是支持优势企业"走出去"。截至2020年底，对共建"一带一路"国家投资54亿美元、年均增长14.6%，其中投资过亿美元项目15个。

第四，金融合作稳步推进。一是拓宽企业融资渠道。国家开发银行青岛市分行支持共建"一带一路"项目，累计发放贷款约50亿美元。进出口银行山东分行累计发放"一带一路"贷款423.1亿元。二是优化金融产品设计。工商银行青岛分行率先推出为"走出去"企业设计的"一带一路"及新兴货币市场无本金交割远期外汇交易服务。三是加大风险保障力度。华泰财险青岛分公司累计承保"一带一路"沿线国家的货运险保单约1.5万张，涉及近25个国家和地区，承保额超过50亿元。2020年，青岛同48个共建"一带一路"国家发生跨境人民币收付247.1亿元，同比增长25.1%。国家外汇管理局十项试点政策已全部落地，共发生业务1954笔，累计金额73.1亿美元，为企业深度参与"一带一路"建设提供全流程、多渠道金融服务的能力进一步增强。

第五，人文交流日益密切。一是成功举办上海合作组织青岛峰会、跨国公司领导人青岛峰会、博鳌亚洲论坛全球健康论坛大会等重大活动。二是为人文交流搭建平台。截至2020年，青岛市已与共建"一带一路"国家的60余个城市缔结为友好城市或友好合作关系城市，日、韩、德、以、上合等"国际客厅"和"山东会客厅"建成运行。三是拓展招才引智渠道，赴英、德、俄、日等国家和地区开展国际人才智力交流合作，促成9位海外专家与青岛开展合作，签订项目合作协议、达成合作意向共29项。青岛获评2019年度全国"最佳引才城市"，连续8年入选"外籍人才眼中最具吸引力的中国城市"。

（三）上合示范区在"一带一路"建设中的作用

建设上合示范区、打造"一带一路"国际合作新平台是党中央赋予青岛的重大历史使命。具体而言，上合示范区在物流、贸易、产能和人文合作等方面的前期发展为其深度参与"一带一路"建设，打造国际合作新平台打下了坚实基础。

1. 物流枢纽建设初具规模

物流建设是上合示范区开展贸易拓展、产能合作、跨境发展、双园互动等活动的重要支撑。从地理区位角度分析，青岛拥有横跨亚欧大陆，辐射众多国家的海、陆、空、铁多式运输通道。上合示范区结合先天优势，积极深化物流综合枢纽建设，已构建起与世界200多个国家和地区的成熟贸易网络，并通过智慧、绿色、高效的集装箱陆海联运枢纽、大宗散货陆海联运枢纽、铁路多式联运枢纽和全球陆空联运枢纽，实现全货类全方式便捷、高效地通达全球，将上合示范区打造成上合组织国家面向亚太国家的"出海口"。例如，上合示范区通过全力打造多式联运中心，实现了东西双向互济、陆海内外联动，推动日韩班轮与中欧班列、TIR有机衔接。青岛获批成为商贸服务型国家物流枢纽就是对上合示范区物流业发展的肯定。同时，上合示范区充分发挥自身在青岛口岸海陆空铁综合交通网络中心的区位优势，完善多式联运功能，打造上合物流大数据平台，建立区块链数字单证体系，推动多式联运"一单制"，搭建物流服务平台。如果说"海陆空铁"四位一体的多式联运物流衔接是上合示范区的硬件保障，那么多元化的服务就是上合示范区的软实力和"畅达全球"的强保障。展望未来，在"物流先导"发展目标的指引下，上合示范区的物流枢纽功能将得到进一步提升。

2. 贸易合作增长潜力巨大

贸易合作是上合示范区发展的主要动力。在参与"一带一路"建设的进程中，三方面动力推动上合示范区在"一带一路"贸易畅通上扮演更为重要的角色。一是贸易政策体系不断得到完善。国家出台海关支持上合示范区建设5方面17条具体服务和促进措施。国家外汇管理局正式批复青岛试点10项资本项下的外汇支持政策，其中3项政策为青岛先行先试政策。上合服务中心目前已承接54项省级行政权力事项和胶州市级相关审批事项、19项青岛市级行政权力事项。同时，上合示范区通过建设上合"法智谷"来提升商事法律服务质量，完善法律、科技、人力资源等综合配套服务。二是搭建高水平贸易平台。上合示范区建成了上合国家客厅，设有展览展示、商品交易、路演推介、会议办公等功能，为企业交流洽谈、经贸合作提供一体化综合服务。上合示范区积极培育跨境电商生态，出台《关于加快培育国际贸易竞争新优势的实施办法》，从货物贸易、跨境电商、服务贸易等5个方面出台20条支持措施，吸引贸易主体集聚。三是丰富贸易合作的配套服务。如通过建设上合"法智谷"，打造"一带一路"国际法务中心。上合示范区发布"中国对上合组织成员国贸易指数"，从贸易规模、发展速度、贸易质量和贸易主体4个维度构建了具有上合特色的指标体系，为企业开拓上合组织国家市场提供了参考。

3. 双向投资多样化发展

打造上合组织经贸合作网络，构建中国对上合组织对外最佳服务平台是上合示范区推动中国与上合成员国之间投资和产业合作工作的焦点。当前，上合示范区在推动产业合作多样化方面已取得一定进展。一是双向投资合作平台建设。上合示范区成立国际创新和产能合作中心，搭建国际资讯共享服务、技术转移转化、创新人才交流引进和产能合作等平台。该中心还研发推出上海合作组织国际创新和产能合作资源数据库，以新材料、新能源、信息通信技术、智能制造和生物医药等为重点领域，打造了上合组织国家科技信息资源进行汇总、更新、查询、项目对接为一体的创新性资源平台。二是打造产业集聚承载平台。上合示范区立足"打基础、利长远"，发展了一批与上合组织国家有广阔合作前景的项目，如力推工业互联网走进"一带一路"沿线国家，助力青岛打造世界工业互联网之都；通过吉利卫星互联网项目为"一带一路"沿线国家提供智慧物流、智慧海洋运输服务等。三是抓住新一轮以服务业为主导的国际产业升级趋势，加快引进金融服务、文化旅游、医养健康、互联网信息等新兴服务业。抢抓跨国公司全球布局调整时机，主动参与全球产业链、供应链重塑，以龙头项目和优势资源为"链点"，推动产业链招商，实现产业链集群发展。与上合组织成员国重点推进家电电子等优势制造业合作，开展资源产品开发合作和国际物流合作。

4. 商旅文交流方兴未艾

上合组织国家人文底蕴深厚，合作领域广泛，人文交流已成为上合组织发展的核心支柱之一。在建设进程中，商旅文交流始终是上合示范区建设的工作重点并已取得实质成果。一是丰富对外交往渠道，建立常态化的商旅文交往机制。通过线上对话和线下会谈等形式与上合组织秘书处、上合成员国驻华使节等进行沟通，开展与上合组织国家的城市和地区之间的线上经贸对话活动，积极拓宽商旅文交流渠道，推动"俄罗斯中心""巴基斯坦中心"等上合元素突出的项目落户。同时，成功举办上海合作组织国际投资贸易博览会暨上海合作组织地方经贸合作青岛论坛，为国际双多边地方经贸合作交流提供重要的机制化载体。二是推动中国—上海合作组织经贸学院建设。中国—上海合作组织经贸学院面向上海合作组织相关国家和"一带一路"沿线国家，着眼于培养熟悉上合组织国家国情、通晓国际规则、服务"一带一路"倡议的创新型经贸人才，助力上合组织相关国家多边经贸发展。在未来，该学院有望扩大培训规模，打造开放型国际教育合作新平台，推动"一带一路"国际合作新平台建设取得更多新突破。

整体而言，上合示范区在近年的发展表现为"物流先导、贸易拓展、产能合作、跨境发展"模式，在推进"一带一路"建设的进程中突出地方合作、倡导合作共赢、坚持可持续发展，蹚出了一条可供广泛借鉴和示范的、地方参与"一带一路"建设的新模式和新路子。

三　上合示范区与国家发展战略

2018年6月10日，习近平主席在上合组织成员国元首理事会第十八次会议上宣布，"中国政府支持在青岛建设中国—上海合作组织地方经贸合作示范区"。2019年7月24日，中央深改委第九次会议审议通过《中国—上海合作组织地方经贸合作示范区建设总体方案》。2019年9月20日，国务院批复《中国—上海合作组织地方经贸合作示范区建设总体方案》。按照商务部意见，上合示范区建设以国务院批复《中国—上海合作组织地方经贸合作示范区建设总体方案》为起始时间。2020年3月，上合示范区党工委、管委会班子成立，暂为青岛市委、市政府派出机构。

（一）中央和国家关于上合示范区建设的相关政策

自习近平主席于2018年在上合峰会上首次提出在青岛建设"中国—上海合作组织地方经贸合作示范区"后，中央和国家推出了一系列政策为上合示范区的发展领航。

1. "中国—上海合作组织地方经贸合作示范区"的提出

2018年6月10日,在青岛举行的上海合作组织成员国元首理事会第十八次会议上,中国提出支持在青岛建设中国—上海合作组织地方经贸合作示范区。国家主席习近平指出,我们要继续在"上海精神"指引下,同舟共济,精诚合作,齐心协力构建上海合作组织命运共同体,推动建设新型国际关系,携手迈向持久和平、普遍安全、共同繁荣、开放包容、清洁美丽的世界。习近平主席提出以下建议。第一,凝聚团结互信的强大力量。第二,筑牢和平安全的共同基础。第三,打造共同发展繁荣的强劲引擎。第四,拉紧人文交流合作的共同纽带。第五,共同拓展国际合作的伙伴网络。[①]

其中第三条指出,我们要促进发展战略对接,本着共商共建共享原则,推进"一带一路"建设,加快地区贸易便利化进程,加紧落实国际道路运输便利化协定等合作文件。中国政府支持在青岛建设中国—上海合作组织地方经贸合作示范区,还将设立"中国—上海合作组织法律服务委员会",为经贸合作提供法律支持。同时,习近平主席宣布,中方将在上海合作组织银行联合体框架内设立300亿元人民币等值专项贷款。[②]

[①] 习近平:《弘扬"上海精神" 构建命运共同体——在上海合作组织成员国元首理事会第十八次会议上的讲话》,《人民日报》2018年6月11日第3版。

[②] 习近平:《弘扬"上海精神" 构建命运共同体——在上海合作组织成员国元首理事会第十八次会议上的讲话》,《人民日报》2018年6月11日第3版。

2. 中国—上海合作组织地方经贸合作示范区建设总体方案的制定

2019年7月24日,中央全面深化改革委员会第九次会议审议通过了《中国—上海合作组织地方经贸合作示范区建设总体方案》。会议指出,在青岛建设中国—上海合作组织地方经贸合作示范区,旨在打造"一带一路"国际合作新平台,拓展国际物流、现代贸易、双向投资合作、商旅文化交流等领域合作,更好发挥青岛在"一带一路"新亚欧大陆桥经济走廊建设和海上合作中的作用,加强中国同上合组织国家互联互通,着力推动陆海内外联动、东西双向互济的开放格局。

3. 中国—上海合作组织地方经贸合作示范区建设总体方案的批复

2019年9月20日,中华人民共和国国务院发表《国务院关于中国—上海合作组织地方经贸合作示范区建设总体方案的批复》国函〔2019〕87号,具体内容如下:

一、原则同意《中国—上海合作组织地方经贸合作示范区建设总体方案》(以下简称《总体方案》),请认真组织实施。

二、中国—上海合作组织地方经贸合作示范区建设要以习近平新时代中国特色社会主义思想为指导,全面贯彻党的十九大和十九届二中、三中全会精神,统筹推进"五位一体"总体布局，协调推进"四个全面"战略布局，坚持以人民为中心的发展思想，牢固树立新发展理念，按照党中央、国务院决策部署，打造"一带一路"国际合作新平台，拓展国际物流、现代贸易、双向投资、商旅文化交流等领域合作，更好发挥青岛在"一带一路"新亚欧大陆桥经济走廊建设和海上合作中的作用，加强我国同上海合作组织国家互联互通，着力推动形成陆海内外联动、东西双向互济的开放格局。

三、山东省人民政府要切实加强组织领导，健全机制，明确分工，落实责任，按照《总体方案》明确的目标定位和重点任务，扎实有序推进中国—上海合作组织地方经贸合作示范区建设发展。

四、商务部要会同有关部门按照职责分工，加强对《总体方案》实施的统筹协调和督促指导，注重总结经验，协调解决建设工作中遇到的困难和问题，为中国—上海合作组织地方经贸合作示范区建设发展营造良好环境。重大问题及时向国务院报告。

4. 中国—上海合作组织地方经贸合作示范区建设总体方案的发布

2019年10月28日，中华人民共和国商务部和山东省人民政府联合发布《中国—上海合作组织地方经贸合作示范区建设总体方案》商欧亚函〔2019〕597号。方案将中国—上海合作组织地方经贸合作示范区建设目标设定为，充分发挥上合示范区在青岛口岸海陆空铁综合交通网络中心的区位优势，统筹海港、陆港、空港、铁路联运功能，更好发挥青岛市在"一带一路"新亚欧大陆桥经济走廊建设和海上合作中的作用，按照"物流先导、贸易拓展、产能合作、跨境发展、双园互动"模式运作，着力推进绿色化建设。上合示范区实施范围在胶州经济技术开发区内。

（二）省市关于上合示范区的推进工作

山东省委、市委高度重视上合示范区的建设工作，通过完善组织架构和一系列政策支持示范区发展。2019年12月，青岛市成立市委、市政府主要领导任组长的推进实施领导小组。2020年1月，山东省委成立省委主要领导任组长的推进上合示范区建设领导小组。按照商务部意见，上合示范区建设以国务院批复《总体方案》为起始时间。2020年3月，上合示范区党工委、管委会班子成立，暂为青岛市委、市政府派出机构。

1. 山东省政府支持中国—上海合作组织地方经贸合作示范区建设的措施

为深入贯彻中央全面深化改革委员会第九次会议精神，落实《中国—上海合作组织地方经贸合作示范区建设总体方案》要求，加快建设上合示范区，山东省政府出台《山东省人民政府关于支持中国—上海合作组织地方经贸合作示范区建设若干措施的通知》，提出十八项具体措施推动上合示范区建设。

（1）落实"负面清单制"放权

除省政府、青岛市政府公布的不能下放行使的行政权力事项，其他省级、青岛市级行政权力事项，由上合示范区按需承接，实行"区内事区内办"。2021年实现有关行政权力事项应放尽放，确保放得下、接得住、管得好。

（2）鼓励先行先试

在国际物品流通、海关监管模式、外汇管理、人员出入境、投资贸易便利化等方面，开展与上合组织国家的全流程制度创新，复制推广自贸试验区改革试点经验和国务院全面深化服务贸易创新发展试点经验，争取我国与上合组织国家签署协议的相关成果和试点项目率先在上合示范区实施，尽快形成具有上合特色的经验做法。开展"标准地"改革、集体经营性建设用地入市等试点工作。建立健全容错纠错机制，将上合示范区打造为地方经贸合作的"最佳案例"。

（3）建设上合"客厅"

高标准建设"青岛·上合国家客厅"和"央企国际客厅"，组织承办上合组织相关部长会议、"一带一路"高峰论坛、"一带一路"中小企业峰会，定期举办上合组织国家投资贸易博览会、"一带一路"商品博览会等活动。

（4）加强国际技术合作

在新材料、生物医药、人工智能、高端装备制造等领域开展合资合作，建成中国—上海合作组织技术转移中心。

（5）建设联动创新区

上合示范区与省内中西部重点开发区合作建设联动创新区，健全税收分享等机制，省内考核评价时允许双方将外经贸相关指标增量部分各按100%计算。在做好风险防范的前提下，将上合示范区承接的省级、市级管理权限，同步在联动创新区试行。2021年建设46个联动创新区，尽快形成一批改革创新经验做法。

（6）推动油气全产业链开放发展

积极争取保税船供油资质等政策，开展保税船用燃料油供应、油品进出口等业务。引导省内具有油气进口、炼化、储运资源的开发区参与联动创新区建设，做大做强原油、液化天然气LNG进口规模，加快构建低硫燃料油生产、储运、保税供应链体系，打造面向东北亚和"一带一路"沿线国家的国际油气交易中心。

（7）加大双招双引和市场开拓力度

大力引进各类市场主体，制定实体经济奖励、总部经济招引、金融产业社会化招商奖励、人才集聚等政策措施，吸引省属企业、研究机构、民营企业等市场主体在上合示范区设立投资贸易平台。推动上合示范区、联动创新区内企业参加俄罗斯、巴基斯坦，以及日本、韩国等《山东省境外百展市场开拓计划》中A、B类展会。

（8）建设上合示范区多式联运中心

加快建设"齐鲁号日韩陆海快线""上合快线""上合TIR（国际公路运输系统）定班专线"等通道，打造"一单制"多式联运服务体系，优化提升多式联运综合服务平台功能。申建粮食、水果、肉类等特定产品进口指定监管场地、保税物流中心（B）型。

（9）提升国际班列运营能力

建设"齐鲁号"欧亚班列（青岛）集结中心和欧亚班列中国—上合经贸产业园，探索建设与上合组织国家相关的欧亚班列贸易和金融供应链综合服务平台。在上合组织国家和"一带一路"沿线国家重要铁路、港口、公路的主要节点城市规划布局，设立办事处等机构，拓展海外市场，扩大回程货源。

（10）发展外贸新业态

建设面向上合组织国家和"一带一路"沿线国家的跨境电商平台、产业园、公共海外仓。与上合组织国家开展"丝路电商"合作，建设上合组织国家地方特色商品进口体验交易中心（仅限海关特殊监管区域内）和特色商品馆，开展O2O线上推销交易线下经营体验业务。引进第三方服务企业，开展航运贸易、标识认证、文化旅游等服务贸易业务。

（11）支持企业"走出去"

落实中俄大豆省州"结对子"，开展大豆种植、储运、深加工的全产业链合作，扩大俄罗斯大豆进口贸易规模。打造农产品产业链，在上合组织国家和"一带一路"沿线国家建设饲料生产、畜牧繁育、养殖及屠宰基地，精深加工后出口日韩等第三国市场。建设境外生产、加工基地，在粮食、木材、油气、矿产等优势领域开展产业链产能合作。开展中医药诊疗和医养服务合作，加强影视、图书等领域交流，助力中医中药、文化产业"走出去"。

（12）探索海关监管制度创新

在上合示范区率先实施"海关改革2020"系列改革举措。编制中国对上合组织成员国贸易指数。建设中国—上合组织国家公共检测交流服务平台。

（13）加快金融创新合作

落实国家试点10项资本项目便利化政策，争取本外币合一银行账户体系试点。引导保税燃料油供应以人民币计价、结算。引导丝路基金、欧亚基金、中非基金、省新旧动能转换基金等对接支持上合示范区建设。

（14）成立上合组织国家旅游城市联盟

建立与上合组织国家旅游市场互惠机制，开展旅游产品、旅游服务、旅游安全、旅游技术等产业合作。引导上合组织国家的旅行社设立上合分社。

（15）加强人才交流

落实"英才集聚计划"，实行创新人才"双落户"制度，给予用人单位引才用才补贴。建设上合组织国家青年创业孵化器、高端人才科创产业园。提高居留便利化水平，对外籍高端人才签发有效期5年至10年的多次入境人才签证，其配偶及未成年子女签发有效期相同、多次入境的相应种类签证。创新创业团队人员，可申办有效期2年至5年的私人事务类居留许可。

（16）提供法务服务保障

建设中国—上合组织法官培训中心。依托青岛海事法院，建设面向上合组织国家和"一带一路"沿线国家的海事调解服务中心。依托"法智谷"，加快建设上合示范区法律服务交流合作基地。

（17）提升教育文化合作水平

加强与复旦大学、北京大学等知名高校合作，联合山东大学建设中国—上合组织经贸学院、中国—上合组织经贸发展研究中心，2021年建成专家智库，引导省内外金融机构通过投资入股、专业培训等方式，共建面向上合组织国家的优质人才培养基地。积极参与面向上合组织国家和"一带一路"沿线国家的国家援外培训项目。定期在上合组织国家和"一带一路"沿线国家重点城市举办"山东周""孔子文化周""齐鲁文化丝路行"等经贸文化交流活动。

（18）强化东西双向合作

开展国际中转集拼业务，发展面向日韩、上合组织国家和"一带一路"沿线国家间的转口和过境贸易。将海运船期与欧亚班列班期相匹配，建立离岸港（日韩）—山东港口青岛港—中亚全程物流供应链，打造"东联日韩、西接上合"的陆海内外联动国际通道，争取中国贸促会在山东设立中国哈萨克斯坦企业家委员会联络办公室。

2. 青岛推动中国—上海合作组织地方经贸合作示范区建设的举措

2021年，为进一步贯彻落实国务院批复的《中国—上海合作组织地方经贸合作示范区建设总体方案》，明确今后三年上合示范区建设的重点任务，确保到2023年上合示范区高质量发展取得明显成效，青岛市制定《青岛市加快推动"中国—上海合作组织地方经贸合作示范区"建设三年行动计划（2021—2023年)》，力争到2023年，上合示范区与上合组织国家贸易占青岛市同项工作的比重提高到50%以上；上合示范区与上合组织国家双向投资占青岛市同项工作的比重提高到50%以上；与上合组织国家外贸新业态占青岛市该项工作的比重提高到60%以上；欧亚班列开行量占全省开行量的30%以上，回程率不低于全省平均水平。通过"搭建平台、健全机制、创新制度、抓住项目"，在国际物流、现代贸易、双向投资、科技创新、商旅文化等重点领域打造上合组织地方经贸合作的青岛样板。该计划提出的主要任务包括以下五个方面。

（1）坚持贸易先行、多向互动，加快现代贸易中心建设。挖掘贸易合作潜力，发展跨境电商、新型易货贸易等新业态新模式，创新服务贸易路径，提升贸易便利化水平，打造上合组织国家间地方经贸合作样板。具体目标包括大力提升贸易量级、培育跨境电商产业生态、推进新型易货贸易等新业态新模式发展、促进服务贸易质效提升、搭建高层次贸易展洽平台、持续推动贸易便利化。

（2）坚持物流畅通、互联互通，加快国际物流中心建设。推动海陆空铁区域物流一体化发展，建设"一带一路"、东盟物流集散中心，打造物流运行体系完善、产业优势要素聚集的国际物流枢纽。具体目标包括提升多式联运枢纽能级、深化商贸服务型物流枢纽建设、提升物流产业配套服务水平、加快建设国际物流节点。

（3）坚持产能合作、双招双引，加快双向投资中心建设。加强与上合组织和"一带一路"沿线国家的城市间交流，促进优势产能国际合作，加强技术转移与转化，深化农业领域交流，探索与上合组织和"一带一路"沿线国家双向投资与合作新模式。具体目标包括加快构建城市间合作网络、加强研发和加工领域合作、深入开展现代农业合作、加强境内外园区互动合作、支持优势企业"走出去"、探索建立海洋合作新机制。

（4）坚持文化互鉴、平台互动，加快商旅文化中心建设。深化旅游文化、教育体育、医疗健康和法律服务等领域合作，开发上合组织国家旅游线路，打造具有上合特色的旅游产品，探索疫情形势下商旅文交流合作的新路径、新机制、新平台。具体目标包括深入开展文化旅游交流合作、创新开展教育合作和技能培训、加快建设中国—上海合作组织经贸学院、加快建立法律合作机制。

（5）坚持规划领航、生态集约，加快绿色城区建设。坚持高标准规划、高品质建设、绿色生态发展，打造数字化、智慧化城市新区，优化产业空间布局，提升商业文化吸引力，营造一个连接青岛与国际、宜居宜游宜业、开放共享的绿色生态城区和国际化新兴都市区。具体目标包括高标准开展核心区规划建设、加快建设新型城市基础设施建设示范区、建设绿色生态新城。

（三）上合示范区建设目标

根据2019年9月国务院批复的《中国—上海合作组织地方经贸合作示范区建设总体方案》，上合示范区的总体目标定位是：充分发挥上合示范区在青岛口岸海陆空铁综合交通网络中心的区位优势，统筹海港、陆港、空港、铁路联运功能，更好发挥青岛市在"一带一路"新亚欧大陆桥经济走廊建设和海上合作中的作用，按照"物流先导、贸易拓展、产能合作、跨境发展、双园互动"模式运作，着力推进绿色化建设。上合示范区的近期目标是：立足与上合组织国家相关城市间交流合作，通过建设区域物流中心、现代贸易中心、双向投资合作中心和商旅文交流发展中心，打造上合组织国家面向亚太市场的"出海口"，形成与上合组织国家相关城市交流合作集聚的示范区。中远期目标是：努力把上合示范区建成与上合组织国家相关地方间双向投资贸易制度创新的试验区、企业创业兴业的聚集区、"一带一路"地方经贸合作的先行区，打造新时代对外开放新高地。

1. 全力打造"四个中心"

上合示范区以项目为引擎，加速推动区域物流、现代贸易、双向投资合作、商旅文化交流等四大领域建设，着力打造区域物流中心、现代贸易中心、双向投资合作中心、商旅文化交流发展中心。

（1）区域物流中心

区域物流中心建设以打造海陆空铁"四港一体"国际联运综合港为目标，重点围绕畅通多式联运通道、集聚发展现代物流产业、优化多式联运综合服务功能、开展国际物流合作四个方面开展工作。国际物流中心致力于打造上合组织国家及沿黄河流域面向日韩等国家的出海口，构建"东接日韩面向亚太、北接蒙俄、南连东盟、西接上合组织国家"的国际物流大通道。国际物流中心的功能定位是广泛开展国际物流合作、畅通国际物流大通道、聚集发展现代物流产业。

（2）现代贸易中心

现代贸易中心的建设目标是建成"一带一路"地方经贸合作的先行区、要素资源跨国流动的先导区、双边多边经贸合作的示范区。围绕拓展货物贸易合作、大力发展跨境电商、扩大服务贸易领域、搭建国际贸易平台、推动贸易服务便利化五个方面开展工作。

（3）双向投资合作中心

双向投资合作中心的建设目标是建设双向投资制度创新的试验区，综合服务新高地，"一带一路"沿线国家人流、物流、资金流、信息流、技术流的集聚地。围绕扩大城市间合作网络、加强研发和加工领域合作、开展现代农业合作、推进国际园区互动合作、便利优势企业"走出去"、强化金融支持力度六个方面开展16项重点工作。

（4）商旅文交流发展中心

商旅文交流发展中心的建设目标是建成知名的国

际旅游目的地城市、具有国际影响力的文化创意产业中心。商旅文交流发展中心建设将围绕开展文化旅游交流合作、教育和法律服务合作、技能培训合作、绿色生态园区建设交流四个方面开展13项重点工作。

商旅文交流发展中心的功能定位主要体现在以下四个方面：一是推进旅游产业发展，编制上合示范区旅游专项规划，梳理上合组织国家城市旅游资源，依托携程等国内头部旅游企业开发特色旅游线路。二是文化交流活动和相关赛事，举办旅游、教育、文化等系列国际高端论坛，设计论坛主题，搭配论坛活动，达成论坛共识，推动论坛成果落地落实。三是开展法律、教育、医疗合作，完善上合"法智谷"建设，启用涉外法律服务大数据平台，承办司法高端论坛，加快推动中医药走向上合的"一带一路"沿线国家。四是建设文旅项目载体，推进中央商务区核心建设和招商建设。

2."十四五"期间目标任务

在"十四五"期间，上合示范区将按照"物流先导、贸易拓展、产能合作、跨境发展、双园互动"模式运作，突出"一带一路"、突出地方合作、突出合力共赢、突出可持续发展，在推动底层合作上着力、在扩大合作空间上着力、在创新合作模式上着力、在强化示范效应上着力，通过"搭平台、建联盟、促合作"，有序分步在国际物流、国际贸易、双向投资、科技创新、商旅文化等重点领域打造标杆示范，建设高品质国际化新兴都市区，实现上合要素的有效聚集，构建上合特色开放创新体系，完善规划实施保障体系，取得上合示范区实质性建设的新成效，谱写上合示范区跨越发展的新篇章，打造山东省更高水平对外开放的新引擎。

在国际物流中心建设上，强化上合多式联运中心功能支撑，以"海陆空铁邮"五港联动国际超级港为主阵地，以港口型、商贸服务型、空港型（申建）三大国家物流枢纽为支撑，依托空港综合保税区和申建中的国家中欧班列集结中心示范工程、保税物流中心、农产品指定监管场地4个重大载体，年内中欧班列开行量突破700列，京东跨境电商及智慧物流产业园等7个物流项目竣工投产，物流业产值突破300亿元。

在现代贸易中心建设上，以上合组织国际能源交易中心为主引擎，探索上合组织国家地方间能源合作新模式。实施头部企业招引攻坚和贸易倍增"双计划"，引进厦门国贸等10个以上贸易头部企业。实施区关税"双A行动"等贸易服务便利化改革"六大行动"，探索开展易货贸易、市场采购贸易等新型贸易业态，推行"跨境电商＋海外仓"模式，建设RCEP海关监管服务创新试验基地（上合）。加快打造上合组织国家干果等特色农产品集散贸易基地，年内与上合组织国家贸易额突破80亿元、跨境电商贸易额突破15亿元。

在双向投资合作中心建设上，以上合地方经贸合作综合服务平台为主窗口，打造全周期服务综合体。

力争 2022 年与上合组织国家双向投资额突破 2500 万美元。对标韩国仁川、德国汉诺威，打造国际化的航空城和中国北方工业会展中心，为上合组织国家产能输出、常态交流提供会展平台。

在商旅文交流发展中心建设上，以如意湖商业综合体为主牵引，坚持"市场化运作+国别文化+展会"，确保如意湖商业综合体 9 月 30 日前全面完工。抓牢抓实上合博览会、上合国家客厅、上合"法智谷"3 个全维度商贸洽谈、人文交流和商事服务平台，创新上合组织国家旅游城市合作机制，开展多层级商旅、人文、教育、体育、法律交流互动，三年内争取上合博览会升格为国家级。

为强化"走在前、开新局"的使命担当，促进经贸合作平台"硬联通"和经贸示范模式"软联通"相互支撑，上合示范区将从如下六个方面着手加快"四个中心"建设，全力打造山东省更高水平对外开放的新引擎。

一是发挥海陆空铁联动优势，打造双循环物流枢纽标杆示范。依托海陆空铁"四港一体"，国家级班列集结中心和商贸服务型国家物流枢纽建设取得突破性进展，航空物流、保税物流、跨境电商物流实现高效运转，供应链现代化信息化水平全面提升，打造上合组织国家面向亚太市场的"出海口"、双循环物流枢纽，构建贯穿亚欧的上合国家陆海新通道。

二是丰富国际贸易新业态，打造新型国际贸易合作标杆示范。做大货物贸易，拓展服务贸易，推进数字贸易，搭建上合国际贸易新平台，拓展经贸合作深度和广度，推进国际物流与货物贸易、服务贸易、跨境电商深度融合，努力提升贸易便利化水平，打造具有上合特色的国际贸易合作新载体。

三是创新国际投资新模式，打造双向投资和科创合作标杆示范。加强双园互动发展与投资合作，加快高新产业聚集与高质量发展，汇聚上合科技合作要素，建设科创平台与载体，聚焦人工智能与智能制造、物联网与现代农业、新能源与低碳技术、编码化数字经济等领域，探索出与上合组织国家双向投资与科创合作的新模式。

四是丰富商旅文化新内涵，打造对外商旅文化合作标杆示范。深化旅游交流合作，创新教育合作模式，建立法律合作机制，拓展双向培训合作，实现商旅文领域融合发展，基本建成具有上合特色的文化交流与合作平台，实现我国面向上合组织国家商旅文化开放合作的新突破。

五是建设高品质国际化新兴都市区。坚持高品质发展、坚持绿色生态发展，打造数字化、智慧化城市新中心，优化产业空间布局，提升商业文化吸引力，营造一个连接青岛与国际、沟通现在与未来、宜居宜游宜业、开放共享的绿色生态城区和国际化新兴都市区。

六是构建上合特色开放创新体系。对标高水平对外开放规则，提高贸易投融资便利化水平，打造国际一流营商环境，吸引国际化高端人才聚集，形成系统性制度经验,为国家改革开放大局贡献"上合模式",探索我国对外地方经贸合作制度创新的新机制,推动"一带一路"国际合作新平台建设取得新进展。

四　上合示范区建设现状与挑战

自启动建设以来，上合示范区认真贯彻落实习近平主席"打造'一带一路'国际合作新平台"重要指示精神，在山东省委省政府、青岛市委市政府的正确领导和大力支持下，倡导"以和促合、以义相合、以诚润合、尚合求合"的理念，全力推进区域物流、现代贸易、双向投资合作、商旅文交流发展"四个中心"建设，先后获评商贸服务型国家物流枢纽、"一带一路"中小企业合作区，成功入选国家第二批先进制造业和现代服务业融合发展试点（全国20个区域、40家企业）、国家服务业标准化试点（青岛入选的唯一一个功能区），呈现出全面展开、开局良好的态势。但目前，上合示范区建设仍面临着一系列来自外部和内部的压力与挑战，需迎难而上、研究解决、砥砺前行。

（一）上合示范区建设成就

成立3年来，上合示范区建设已经全面起势，在

"4+1"中心建设以及体制机制创新建设等方面都取得了显著的成绩,"一带一路"国际合作新平台的活力日趋显现。

1. 建设区域物流中心,提升区域内互联互通水平

一是率先实现海铁联运模式,加快构建海陆双向通道。2014年,中铁联集青岛铁路集装箱中心站在全国率先实现"前港后站、一体运作"的海铁联运模式。运行以来,为上合示范区的建立和发展起到了巨大的推动作用,同时扩大了前港湾的战略腹地空间。2018年,青岛港正式成立青岛港陆港(胶州)国际物流有限公司,依托其港口、货源组织优势,全面融入上合示范区多式联运中心建设,运营成效显著。迄今,上合多式联运中心完成集装箱作业量86.1万标准箱,增长12.5%。"胶黄小运转"全年运量为13.2万标准箱,增长8.5%,"日韩陆海快线"开行219列,青岛港集装箱海铁联运量181万标准箱,增长9.7%。上合示范区国际班列开行量占全省开行量的34%。为加速建设成为上合组织国家面向亚太市场的"出海口",搭建了"一带一路"沿线国家和地区货物"绿色通道"。目前,"齐鲁号"欧亚班列塔什干办事处设立工作在中国国内的手续已完成,上合示范区已与阿拉木图、巴库、莫斯科、明斯克等重要物流节点城市开展国际物流合作业务,同时青岛港与符拉迪沃斯托克港、圣彼得堡港、瓜达尔港开展国际物流合作,日韩两国与上合组织国家在此进行货物中转枢纽的作用初步显现。①

二是中欧班列快速发展，物流枢纽建设有效推进。2020 年，上合示范区成功申建商贸服务型国家物流枢纽，助力青岛成为国家物流"双枢纽"城市；获批省级欧亚班列集结中心，常态化开行 17 条国际、国内班列，图定线路增至 5 条，新增"齐鲁号"日韩陆海快线，首开胶州—塔什干、胶州—比什凯克"上合快线"并实现公交化运行。2020 年全面开行欧亚班列突破 400 列，同比增长 15.9%，"十三五"期间累计开行 781 列；多式联运中心集装箱作业量达到 76.5 万标准箱，同比增长 14%，"十三五"期间累计达到 273.5 万标准箱。2021 年 1—9 月开行中欧班列 403 列，同比增长 46%；多式联运中心完成集装箱作业量 65.4 万标准箱，同比增长 27.7%；创出多个"首班"（全国首班冷鲜蔬菜专列发往莫斯科、全省首班对外承包出口专列发往乌兹别克斯坦纳沃伊、全省首班跨境电商专列发往白俄罗斯明斯克），"首单"（签发山东省首笔中国国际货代协会"一单制"提单）。中铁联集青岛铁路集装箱中心站二线束建成并投入使用，现场作业能力提升至 108 万标准箱。② 2021 年 11 月，上合示范区海关监管作业场所正式启用，标志着上合示范区作

---

① 中华人民共和国商务部：《上合示范区"搭桥"：加码与上合国家及"一带一路"经贸往来》，2021 年 9 月 25 日，http://kz.mofcom.gov.cn/article/jmxw/202109/20210903201932.shtml。

② 数据来自中国—上海合作组织地方经贸合作示范区、国家高端智库·综合开发研究院（中国·深圳）：《中国—上海合作组织地方经贸合作示范区"十四五"规划和二〇三五年远景目标纲要》，2021 年 9 月。

为公路跨境物流运输的发运港和目的地港,实现与海空铁各口岸的互联互通、一体化运作。上合示范区将依托海关监管作业场所,开通中俄、中哈、中欧等国际运输通道(TIR)定班专线,进一步畅通面向上合组织国家的"第四物流通道"。2021年,上合示范区新开通至吉尔吉斯斯坦比什凯克、阿塞拜疆巴库、英国伦敦、德国汉堡、意大利米兰、塔吉克斯坦杜尚别、土耳其伊兹米特、格鲁吉亚第比利斯、芬兰赫尔辛基、老挝万象等11条国际班列线路。至2021年底上合示范区常态化开行15条国际班列,可通达20个国家、48个城市。

三是现代物流产业快速聚集,物流行业影响力不断提升。2021年,上合示范区内物流企业达到48家,营收增长超过123.8%。① 京东青岛智慧物流园等一批重点物流项目建设正酣,中外运、京东、传化、中国物流、嘉里、丰树等重点物流项目加快建设,成功开行全省首班对外承包工程出口货物专列,为示范区建设上合组织国家与"一带一路"沿线国家的重要国际性综合物流枢纽"提速加码"。通过组织召开2020全球供应链上合峰会暨第八次供应链管理专业协会中国大会,上合示范区在国内外物流和供应链相关领域的知名度和影响力逐步扩大。

---

① 青岛日报:《提速度赶进度,抓实重点项目建设:上合示范区、崂山区、城阳区加大项目推进力度》,2022年3月25日,https://epaper.qingdaonews.com/html/qdrb/20220325/qdrb1450572.html。

2. 建设现代贸易中心，加强区域内贸易往来合作

一是贸易服务便利化水平进一步提升。编制发布中国对上合组织国家贸易指数，出台《关于促进中国—上海合作组织地方经贸合作示范区建设意见》，加强通关、贸易、物流等信息互换共享。2022年1月19日，上合示范区—青岛海关区关联动贸易便利化政策宣讲会暨RCEP监管服务创新试验基地（上合）揭牌仪式在上合国际贸易中心举行，该基地的启用将落实RCEP相关优惠政策，帮助相关企业用好原产地区域累积规则，做好产业链供应链动态调整，提升上合示范区与上合组织国家贸易便利化水平。

案例1

构建全面科学的贸易指数体系，绘制上合贸易"晴雨表"

2021年4月26日，"中国对上合组织成员国贸易指数"（以下简称"上合指数"）在2021上海合作组织国际投资贸易博览会上成功发布，上合指数网站在互联网同步上线运行。上合指数成为中国政府第一个正式对外发布的贸易指数，成为全国海关编制贸易指数的"青关样板"，是青岛海关开门搞研究取得的第一个重要成果，为政策研究及统计工作开展提供宝贵的经验借鉴。该案例入选山东省2021年度青岛关区深化"放管服"改革优化口岸营商环境十佳实践

案例。

一 创新做法

（一）坚持围绕中心、服务大局。2018年习近平主席在上合青岛峰会宣布建设上合示范区后，青岛海关坚决贯彻习近平主席讲话精神，积极服务国家战略，紧紧围绕上合特色开展政策研究，首创提出编制上合贸易指数，获得总署统计司肯定并列入总署统计工作要点。2020年李克强总理在上合总理会议上将中方发布上合指数提升为我国促进上合经贸发展的重要举措，省委书记刘家义也对该项工作做出批示，青岛海关深入落实总理和省领导指示批示要求，加快推动指数编制和网站建设工作，抓住2021年4月举办上合博览会的时机邀请总署领导成功发布。

（二）坚持开放合作、互利共赢。编制上合指数是青岛海关发挥统计数据和监测预警优势，探索开门搞研究的第一次尝试。通过与外部单位合作，实现优势互补、合作共赢：积极向总署统计司请示汇报，获得指导授权和资源支持；发挥青岛大学的"教科研"资源和学术人才优势，实现课题研究的突破提升；借助数据分析中心技术开发和系统运维优势，开发建设上合指数网站和展示平台；发挥胶州海关联系协调上合管委的便利，争取地方政府的资金支持和平台支持；引入中信保全球贸易风险数据，丰富指数的信息支撑。

（三）坚持守正创新、务求实效。编制贸易指数，没有现成的经验可以学习借鉴。青岛海关在进出口监测预警分析基础，集合关区专业人才成立工作专班集中攻关。在研究上合国家经济贸易特点基础上，深入挖掘数据信息，开创性地从贸易规模、发展速度、贸易质量和贸易主体4个维度，建立科学客观并具有上合特色的指标体系，成为反映我国对上合国家贸易发展状况的"晴雨表"和"风向标"。同时，青岛海关创新指数发布展示方式，开发建设专门的指数网站，面向全球常态化展示指数，并提供相关数据信息服务，确保真正发挥指数服务贸易发展的作用价值。

（四）坚持大事引领、打造样板。上合指数的成功编制和发布离不开关党委的高度重视。分管关领导亲自带队到总署汇报指数编制工作并多次与总署请示沟通，2021年又列入关党委八件大事实事之一重点推进。为确保指数编制的科学性和严谨性，课题组对指标体系进行多次研讨优化，成功通过总署专家评审。多次协调总署办公厅、科技司和信息中心，顺利将指数网站作为总署门户二级网站部署上线。上合指数的成功编制和发布，获得总署统计司的充分肯定，明确要求青岛海关认真总结经验做法，为其他海关编制中国对东盟指数和中国对中东欧指数提供"青关样板"。

二 创新效果

上合贸易指数从贸易规模、发展速度、贸易质量和贸易主体4个维度，建立了科学合理且具有上合特色的指标体系，指数的编制和常态化发布，实现了对上合国家贸易发展状况的量化评价，是中国与上合国家贸易往来的"晴雨表"和"风向标"，将为政府制定贸易政策提供科学依据，为企业开拓上合国家市场提供信息支撑。

二是编制《上合示范区油气全产业链规划》，探索发展油品贸易。商务部批复支持上合示范区油气全产业链开放发展后，上合示范区和中国国际经济交流中心共同编制规划，明晰发展定位与目标，按照"五中心、两基地"（现货交易中心、集疏运中心、海事服务中心、跨境结算中心、总部集聚中心"五中心"，供应链创新基地、金融法律服务基地"两基地"）框架建设青岛国际能源交易中心，提升青岛油气储运能力、推进油气贸易及金融结算业务、青岛国际能源交易中心建设，深化油气全产业链国际合作。2021年，青岛益佳海业贸易有限公司等3家企业落户，已向国务院报送相关企业保税船供油经营资格申请件。10月18—19日，第二届"一带一路"能源部长会议在青岛召开，进一步拓宽上合组织成员国和"一带一路"沿线国家的能源合作路径。

三是加强贸易业态培育，发展服务贸易。与广东—独联体国际科技合作联盟合作搭建多个平台，开展服务外包、对外工程承包、科技转移、技术创新、人才交流等领域的合作；与国内外贸易企业建立合作机制，培育维修、供应链等领域服务贸易新业态。2021年，上合示范区成功入选国家级服务业标准化试点名单，成为上合示范区在服务贸易领域拥有的首个"国"字号平台。上合示范区作为青岛市入选的唯一一个功能区，主要围绕搭建多式联运平台、打造跨境电商载体、推动贸易服务便利化等方面探索建立相关行业标准，形成可在全国范围内复制推广的经验。全年实现服务贸易进出口额 27 亿元，增长 325%。

四是跨境贸易基础设施不断完善，跨境电商初见成效。上合示范区引进金控数码港等十个贸易平台，传化（上合）跨境电商综合服务平台等 4 个跨境电商平台，为企业提供通关申报、跨境物流、供应链金融等一站式跨境电商综合服务。其中，传化（上合）跨境电商综合服务平台引进跨境电商企业 52 家。加快打造上合全球中心仓，在俄罗斯设立海外仓，在乌苏里、绥芬河、乌鲁木齐等地设立多个中转边境仓，拓展跨境电商产业新路径。2021 年 7 月，上合示范区—跨境服务贸易中心进入上线试运营阶段，旨在为上合示范区规划面向上合组织国家（对俄为主）的跨境贸易新业态顶层设计方案。[①]

五是贸易质量稳中向好，上合元素逐渐呈现。制定出台《关于加快培育国际贸易竞争新优势的实施办法》，引进传化（上合）国际经贸合作产业园、俄罗斯华诺俄翔等十大贸易平台，合同贸易额逾百亿元。2021 年，上合示范区完成进出口总额 265 亿元，同比增长 61.8%，与上合组织国家贸易额从 2019 年的 8.5 亿元增至 2021 年的 40 亿元，区内贸易主体已经累计

---

① 大众网：《为跨境电商提供一站式服务！上合示范区—跨境贸易服务中心上线试运营》，2021 年 7 月 29 日，https://baijiahao.baidu.com/s? id = 1706571969472564229&wfr = spider&for = pc。

集聚1700余家。①

3. 建设双向投资中心，强化区域内产能合作

一是招商引资成效显著。2021年，上合示范区共引进了包括中集全球冷链高新产业平台在内的20个项目，总投资额约377亿元。其中，世界500强项目4个，中国500强项目3个，上合元素项目16个。项目建设全面提速。2021年，万洋众创城、吉利卫星互联网等总投资360亿元的30个项目开工建设，贝特重工、开拓隆海制冷设备等总投资63亿元的12个项目竣工投产。总投资100亿元的上海电气风电装备产业园项目，从拿地到开工60天、从开工到一期封顶8个月，预计提前半年投产。在2021年青岛市"项目落地年"现场观摩中，上合示范区列全市功能区第二位。2021年，出让上合示范区首宗标准地。1月28日，大牧人机械有限公司竞得上合示范区68亩工业用地50年使用权，示范区标准地出让改革正式落地。全年完成6宗、353.6亩标准地出让。聘任上合示范区"招商大使"。4月13日，举办上合示范区"招商大使"聘任仪式，聘请11位中外各行业协会、国际知名企业、研究机构的知名人士作为上合示范区"招商大使"。推动建设Handle国际标识服务平台，为上合组织和"一带一路"沿线国家提供国际标识解析服务。

---

① 齐鲁壹点：《上合示范区进出口总额涨61.8%！已集聚贸易主体1700余家》，2022年2月10日，https://baijiahao.baidu.com/s? id = 1724369998267260747& wfr = spider&for = pc。

案例 2

基于 Handle 的工业互联网在"一带一路"沿线国家的推广应用

工业互联网是新一代信息技术与制造业深度融合的产物，是第四次工业革命的重要基石。新冠肺炎疫情对工业经济造成严重冲击，企业管理模式向线上转移，工业互联网的价值进一步凸显。为贯彻习近平总书记关于加快工业互联网创新发展的重要指示精神，围绕青岛市实施工业互联网三年攻坚行动总体部署，强基础、建平台、抓赋能、育生态、融产业，依托上合示范区 Handle 全球根节点建设及工业互联网平台赋能"一带一路"，用工业互联网推动"一带一路"沿线国家之间的产业产能合作，提升工业互联网在上合组织国家的影响力。

一 创新做法

（一）持续推进 Handle 全球根节点（青岛）项目建设。2021 年 4 月 28 日，Handle 全球根节点（青岛）于 2021 数字工业高层论坛开幕式上正式启动发布；7 月 16 日，负责 Handle 全球根节点（青岛）运营的网根科技（青岛）有限公司注册成立，公司进入运营阶段。

（二）依托上合示范区 Handle 全球根节点（青岛）打造国际化 DOA/Handle 标识解析服务平台。在跨国工业数据信息链整合、数据确权、跨国文旅交流数据共享、跨境贸易数据管理和信息互认等方向提供国际化支撑服务，形成"国际化数据共享交换服务体系"。

（三）成立DOA/Handle全球根节点（青岛）运营管理中心。构建可良性运转的运营管理中心及管理体系，将青岛市打造成为DOA/Handle全球重要的标识解析网络枢纽之一。

（四）建设标识解析创新应用总部基地。基地将开展成果孵化、企业和项目引进工作，构建Handle标识创新应用生态环境。

二 创新效果

（一）DOA/Handle根节点综合管理服务和安全运行监测平台、DOA/Handle根节点基础系统与国际标识服务平台均已开启建设流程，未来将对接国内外行业企业资源，与上合组织成员国家及"一带一路"沿线国家地区进行数据共享交换。

（二）网根科技（青岛）有限公司与山东港口产城融合发展集团签署战略合作协议，将为山东港口产城融合发展集团产业园区进行数字底座建设。

（三）网根科技（青岛）有限公司正在积极对接胶州市内等多家规上企业，打造多个Handle标识解析体系应用示范标杆企业。

（四）与山东科技大学、青岛科技大学等知名高校达成一致，开展线上企业宣讲会，培育企业形成自主创新应用并辅助进行可复制落地推广，打造新型工业示范。

二是双向投资势头强劲。推动企业"走出去"、加快项目"引进来",实现上合示范区企业对上合组织国家投资项目10个,投资额3.4亿美元;上合组织国家来上合示范区投资项目10个,注册资本2亿美元;启动中国—巴基斯坦中心项目,打造中巴深化合作新平台,推动示范区东拓日韩、西联上合,服务互联互通大格局。[①] 2021年,与上合组织国家双向投资额实现新突破,达到2268万美元,是2020年的56倍,占青岛市与上合组织国家双向投资额的63.9%。

案例3

推动优质农业智能装备"走出去"

我国农业机械产业经过几十年的发展,形成了大中小型配套齐全的系列产品,具备了较强的技术实力和相当的设计生产能力,但近年来面临结构性产能严重过剩、同质化竞争激烈等困难,急需通过"走出去"实现产能合作、拓展外部发展空间。

一 创新做法

(一)依靠核心科技成长起来的创新型企业。近年来,中国与印度围绕辣椒业务合作取得了飞跃式发展,印度辣椒进口到中国,中国则将先进的辣椒加工设备出口到印度。在辣椒加工设备中,青岛璐璐农业装备有限公司研发制造的自动辣椒除柄机最为知名,凭借

[①] 数据来自中国—上海合作组织地方经贸合作示范区、国家高端智库·综合开发研究院(中国·深圳):《中国—上海合作组织地方经贸合作示范区"十四五"规划和二〇三五年远景目标纲要》,2021年9月。

新闻媒体的宣传报道，青岛璐璐农业装备有限公司发明辣椒除柄机的事迹，成为璐璐辣椒除柄机开启全球市场销售的推手。虽然璐璐辣椒除柄机外观并不是特别新颖，但其"内芯"功能十分强大，是整机发明专利产品，最大加工能力可达到每小时1000多千克，极大提高了工作效率，且辣椒剪净率在96%以上。

（二）全力做好配套服务支撑。设立璐璐机械印度分公司，负责印度及周边市场的销售及服务工作，购置服务车、维修设备等，负责辣椒加工设备的组装、维修、调试，为用户提供及时服务。同时，借助印度分公司，璐璐机械帮助除柄机用户进行辣椒销售，将印度辣椒"引进来"。璐璐聚焦技术和产品创新，持续加大科技投入，从统计数据看，2020年，企业销售收入2951.86万元，研发费用投入183.37万元，占全部费用的60.21%，占销售收入6.21%，研发投入逐年递增。

二 创新效果

（一）率先得到印度对其国外农机具产品补贴。璐璐自动辣椒除柄机在印度市场占有率达93%以上，并被政府列为购置补贴产品，政府明确规定：只要购买璐璐牌辣椒除柄机，印度政府可给予40%的购机补贴，这是印度首次对国外农机具产品进行补贴。

（二）平台效应凸显，拓展巴基斯坦市场。2021年，借助上合示范区平台，青岛璐璐农业装备有限公司的发展前景得到了巴基斯坦政府的认可。璐璐农业装备有限公司与巴基斯坦伊斯兰共和国驻华使馆签订项目合作协议，在巴基斯坦建设"辣椒产业园"项目，从事辣椒机械生产和辣椒种植业。

三是项目落地硕果累累。其一，2021年，拓邦智能控制运营中心项目签约落户。1月11日项目签约，拟投资5亿元，建设约16万平方米研发中心及厂房。投资方深圳拓邦股份有限公司是国内第一家智能控制系统上市企业，在印度、越南设有工业园。项目建成后将成为拓邦北方总部，研发、生产以智能家居为核心的智能控制器。

其二，2月28日，总投资约30亿元的中集全球冷链高新产业平台项目签约落户，推动冷链高端产业资源、高端技术人才和优质产业资本集聚，打造全球冷链高新产业平台。

其三，吉利卫星互联网项目开工建设。4月6日，举行项目奠基仪式。项目总投资41.2亿元，从初次接洽到签约仅60天，从拿地到开工仅90天，从开工到主体封顶仅7个月，将建设国内首个全球低轨卫星星座。

其四，中鲁海洋创新产业园项目签约落户。5月20日，与中鲁远洋签署合作协议，总投资10亿元建设中鲁海洋创新产业园，打造集远洋捕捞、冷链运输、精深加工、科技研发、文化展示、交易中心、餐饮服务于一体的海洋渔业全产业链。

其五，尼得科全球电器产业园项目签约落户。项目于6月8日签约，投资额1亿美元，规划建筑面积约 17.33 万平方米。由世界上最大的电机生产公司日本电产株式会社投资兴建，通过整合美国惠而浦、巴西恩布拉科、意大利伊莱克斯等国际领先企业技术，建设世界级马达研发生产基地。

其六，中国—上海合作组织地方经贸合作示范区海洋科学与技术国际创新转化中心项目投入运营。9月，第一批科研团队 300 人、齐鲁工业大学（山东省科学院）本科及研究生约 200 人入驻。海洋监测技术专家王军成研究员增选为 2021 年中国工程院院士；建设"中俄""中白"等 4 个国际合作中心，孵化山科神光科技、罗梅森海洋技术等 4 家海洋高科技企业，突破水声通信等海洋监测领域"卡脖子"技术。汉普森医疗手术机器人设备研发制造项目一期投产。项目总投资 2 亿美元，建筑面积 16.8 万平方米。项目一期建设高端医疗手术机器人研发中心、中试车间、生产线及其配套设施，于 12 月正式投产。上合—上海创业港运营提质增效。实行"研发、孵化、投入在沪，产业、生产、效益在上合示范区"的运营模式，2021 年孵化 104 个创新创业项目并在上合示范区注册企业 99 家，其中规模以上 11 家，引进外籍人才和小语种人才共计 8 人，实现技术转移 8 项、技术成果转化 6 项。

案例 4

打造离岸人才孵化器"上合—上海创业港"

2020 年山东胧爱科技发展有限公司正式运营上合

示范区在上海唯一的离岸人才孵化器"上合—上海创业港","上合—上海创业港"位于上海市杨浦区五角场大学区,拥有丰富的高校资源和创业服务经验,实现创新沪胶两地孵化众创新格局。依托"一带一路"沿线国家、上合组织国家,建立"双招双引"工作站。深化上海、上合两地的交流合作,联动共建,让多方资源要素在上合互动耦合、实现价值倍增。

一 创新做法

(一)孵化机制创新,落地配套完善。严格项目筛选:按照"不求所有、但求所用"的原则,项目入孵需符合青岛市、上合示范区产业发展方向,具备较高的市场前景和技术水平,且具有在当地产业化发展的明确路径,确保项目落得下、留得住。引导企业发展新路径:组织上合示范区头部企业定期(每季度)前往上海走访学习,引导上合示范区企业探索开创"异地聚才、借力发展"新路径,鼓励在上合—上海创业港设立合作机构和联合开发机构,助力企业加速转型升级、做大做强。

(二)以赛事推动项目发展,以活动促进服务升级。尤为突出的活动有"首届'一带一路'沿线国家在华留学生走近青岛"活动。此次活动针对留学生的就业需求,建立起留学生在青实习实训常态化对接机制。其次承办"2021年百校青年创新创业领袖峰会暨上合组织国际青年创新论坛峰会",围绕国际大学生创新创业教育、元宇宙、国际青年就业创业、"互联网+"创新创业大赛等热点问题,通过不同主题的分论坛的形式进行了双创教育探讨。

（三）承接高层次人才对接。引进维讯数科，其团队拥有全球领先的芯片系统研发和算法开发能力，旨在打破美国的技术垄断，为自动驾驶、手机模组、芯片设计提供完整的解决方案。目前创业港吸引博士以上创业团队11个，外籍高层次人才创业项目2个，已落地上合示范区的急缺小语种人才8人。开展"就地孵化、就地对接、就地解决"的服务模式，助推企业发展和项目落地。

（四）扩大虹吸漏斗，遴选优质人才及项目资源。目前累计接待拟赴胶投资企业代表、高校师生、政府单位、各省地市商会考察交流300余批次，扩大虹吸漏斗；虹吸周边人才项目资源，打通交流合作渠道，提升创业服务能级；同时建设媒体宣传矩阵，讲好胶州故事，讲好上合故事。

（五）联动上海市山东商会等商协会搭建服务矩阵。协同中国高校产业投资联盟、上海杨浦众创空间促进会、上海市创业指导专家志愿团等20余家单位搭建双创服务矩阵，为入驻项目、企业提供一流水平的创业服务。

二　创新效果

截至2021年10月，创业港现已孵化97个创新创业项目并成功注册52家企业，在孵企业产值总量达11.6亿余元，举办各类创业活动13场，完成招商引资达"规模以上"标准共9家企业，成功引进并纳入上合示范区"一事一议"的博士以上高层次人才创业项目 1 个、创业创新的博士及以上高层次人才团队项目 2 个，引进外籍人才和上合示范区急需的小语种人才共计 8 人，建立各个产业类别专家库累计专家 270 余人，媒体宣发累计 100 余场次，其中青岛市级以上媒体宣传 27 次。"上合—上海创业港"通过 2021 年度青岛市首批离岸创新创业基地认定，也是本次认定中唯一一家暂未上市企业。

四是园区合作互动共赢。与中启柬埔寨工业园实现双向投资全面合作。2016 年 10 月，中启柬埔寨多基里省生态农业开发区项目和桔井省经济特区项目被列入国家主席习近平访柬期间两国签署的重点项目清单。2021 年，上合示范区推动中启胶建集团在柬埔寨等国家投资兴建园区、企业，充分利用柬埔寨林木资源，投资 10 亿元建设中启产业园柬埔寨木材加工基地。上合农控集团与乌兹别克斯坦安集延州签订《车厘子（大樱桃）种植、初加工项目合作协议》，总投资 16.8 亿元，目前已完成樱桃种植面积 2384 亩。① 海尔集团俄罗斯工业园、巴基斯坦鲁巴工业园，海信集团俄罗斯工厂、印度工厂，双星集团巴基斯坦项目、哈萨克斯坦项目等一批海外园区项目建设进展顺利。力汇国际新型智慧供应链产业园项目签约落户。1 月 27 日项目签约，总投资 5 亿元，建设现代化互联网 + 产业链

---

① 中华人民共和国商务部：《上合示范区"搭桥"：加码与上合国家及"一带一路"经贸往来》，2021 年 9 月 25 日，http://kz.mofcom.gov.cn/article/jmxw/202109/20210903201932.shtml。

的智能仓储物流综合园区，构建货物流通、数据流通、资金流通"三流合一"的供应链金融体系。（中俄）生物医药产业园项目签约落户。11月5日在第四届中国国际进口博览会上签约，规划建筑面积40万平方米，由浙江长三角生物医药研究发展中心与TPP公司联合投资开发建设，打造中俄两国与上合组织国家双向投资、人才引进、项目孵化及产品贸易的桥梁纽带。"一带一路"（青岛）中小企业合作区建设取得新成效。依托联东U谷、万洋众创城推进合作区项目招引，6月正式启用的联东U谷签约入驻企业39家、建设中的万洋众创城已签约13家企业，其中19家与上合组织和"一带一路"沿线国家开展国际贸易。与巴基斯坦首个农业合作项目签约。6月3日，园区企业璐璐农业装备与巴基斯坦驻华使馆签约，拟投资1000万美元在巴基斯坦建设"辣椒产业园"，生产辣椒除柄机等农业机械，开展辣椒种植等业务。

案例5

打造"一带一路"中小企业合作区

2020年11月18日，工业和信息化部批准在中国—上海合作组织地方经贸合作示范区设立"一带一路"（青岛）中小企业合作区（以下简称"合作区"）。推动中国—上海合作组织地方经贸合作示范区建设，要求青岛以打造"一带一路"国际合作新平台为战略引领，着力培育国际物流中心、现代贸易中心、双向投资合作中心、商旅文交流中心，积极打造产业承接、国际商事服务、技术支撑等产业大平台，推动更大范围、更广领域、更深层次开放。建设合作区将有效提升青岛市中小企业对外交流合作程度，构建山东半岛地区对外开放新高地，对落实国家战略具有重要意义。

一　创新做法

（一）印发《"一带一路"（青岛）中小企业合作区建设实质性推进落实方案（2021—2025年）》。为推动合作区建设发展，助力打造"一带一路"国际合作新平台，上合示范区管委印发《"一带一路"（青岛）中小企业合作区建设实质性推进落实方案（2021—2025年）》，方案明确中小企业合作区的发展目标，并提出拓展合作领域、优化空间布局、搭建平台载体、健全保障措施等主要落实措施。

（二）强化政策支持。正在研究制定《关于加快"一带一路"（青岛）中小企业合作区建设发展若干政策》，从土地利用、招商引资、产业发展、人才引进等方面支持"一带一路"（青岛）中小企业合作区建设发展。

（三）优化合作区空间布局。规划布局国际物流产业园、智能家居产业园和装备制造产业园，坚持内外联动、以投促引，鼓励入园企业大力开展与"一带一路"沿线国家的经济往来。国际物流产业园以传化公路港、日日顺物流为代表。依托中国传化（上合）国际物流港打造跨境电商运营中心，主要涵盖跨境贸易创新发展中心（展示交易、办公孵化）及跨境电商海关监管中心（保税仓储、跨境通关）。已构建起完善的跨境供应链服务体系，无缝对接10条国际班列、80条国际空运航线、120条国际海运航线。智能家居产业园以少海汇为代表。少海汇总部位于合作区核心区，项目总投资20亿元，总占地530亩（北区约380亩，南区约150亩），已建成建筑面积22万平方米。装备制造产业园以联东U谷和万洋众创城为代表。联东U谷·青岛胶州国际企业港总投资10亿元人民币，重点引进智能制造、电子信息、能源环保等战略新兴产业，鼓励入园企业大力开展与"一带一路"沿线国家的经济往来。万洋众创城总投资85.3亿元，占地800亩。围绕智慧、智造、低碳理念，以装备智造、电气电子、食品加工和轻工产品智造为主导产业，打造集智造研发、电子商务、生产生活配套、金融服务和智慧园区管理及生产生活配套为一体的低碳智造众创园，打造山东省内最大的制造业集聚平台。生物医药产业园以汉普森、港青大健康等8个项目为载体，与"一带一路"沿线国家具有较强研发能力和竞争力的制药企业开展技术合作。数字经济产业园依托上合示范区Handle全球根节点（青岛）打造国际化标识解析服务平台。

（四）搭建合作区发展平台载体。成功举办2021上海合作组织国际投资贸易博览会暨上海合作组织地方经贸合作青岛论坛，来自34个国家的近2000家企业参展，达成采购交易额近3亿元、意向采购额近20

亿元；公开发布中国对上合组织国家贸易指数，推动青岛与上合组织国家乃至"一带一路"沿线国家经贸合作走深走实。积极做好"一带一路"（青岛）中小企业合作区及相关中小企业的宣传推介，于9月16—18日参加第十七届中国国际中小企业博览会和首届中小企业国际合作高峰论坛，通过线上访谈和线下演讲等方式大力推介合作区。

二　创新效果

在联东U谷·青岛胶州国际企业港举行"一带一路"（青岛）中小企业合作区挂牌仪式，总投资10亿元的联东U谷·青岛胶州国际企业港于6月正式启用，已签约企业36家，其中A股上市企业研发中心1家，外资企业2家，高新技术企业9家，规模以上企业7家，与"一带一路"沿线国家有贸易往来的14家，与上合组织国家有贸易往来的11家，年贸易总额达到2.7亿元。

五是投资便利化环境改善提升。推进对外投资"一口受理"便利化措施，简化境外投资相关程序，打造协调、透明和可预见的投资环境。2021年10月，中国—上海合作组织国家金融合作与资本市场发展论坛在青岛举办。在此次论坛上，时任上合组织秘书长诺罗夫及13个国家驻华使节，青岛市人大常委会主任王鲁明出席开幕式，100余家金融机构和企业代表参加论坛，青岛市首批首只QDLP基金落户上合示范区，发布上合金融发展研究报告，与阿斯塔纳国际金融中心等机构签署12项合作协议，发出了金融合作的"上合声音"。QDLP是上合示范区首只海外投资基金，试点额度1.5亿美元，为境内机构出境投资进一步提供便利化路径。①

案例6

上合示范区首只QDLP海外投资基金落户

青岛作为国家级财富管理金融综合改革实验区，承担着探索中国特色财富管理发展道路、建设面向国际的财富管理中心城市的重大使命，财富管理金融综合改革试验区的价值不断显现，金融业态逐步完善，金融资源加快集聚。青岛市全力支持建设上合示范区，示范区肩负打造"一带一路"国际合作新平台的"国之重任"，持续优化金融生态环境，建设双向投资合作中心，推动金融业与实体经济良性互动。

一 创新做法

QDLP即合格境内有限合伙人，是指通过资格审批并获取额度的试点基金管理企业可向境内合格投资者募集资金，设立试点基金投资于境外一级、二级市场，为境内机构出境投资进一步提供便利化路径。2021年3月19日，国家外汇管理局批准青岛市开展QDLP对外投资试点，青岛市首批获得30亿美元的试点额度。

上合示范区管委会积极走访各大基金公司，宣贯

---

① 大众日报：《上合示范区：金融赋能，推动跨境贸易投资便利化》，2021年10月29日，http://paper.dzwww.com/dzrb/content/20211029/Articel08003MT.htm。

QDLP 试点政策。中俄能源投资私募基金管理（青岛）有限公司是央企国家电投集团公司发起设立的产业投资基金管理公司，2020 年 9 月，已在示范区注册总规模 100 亿元的中俄能源基金，聚焦中俄两国及友好第三国重点合作项目，通过能源及相关领域的双向投融资，深化中俄双边经贸合作，推动我国清洁能源产业的国际化创新和发展。示范区管委积极对接中俄能源基金，并协调青岛市金融工作领导小组办公室对 QDLP 投资试点工作指引的跟投比例作出调整，进一步降低企业门槛，便利对外投资，为示范区首只 QDLP 海外投资基金的落户铺平了道路。2021 年 10 月 28 日，中俄能源基金作为青岛首只 QDLP 试点基金，在 2021 中国—上海合作组织国家金融合作与资本市场发展论坛上正式启动，试点额度 1.5 亿美元。

二　创新效果

QDLP 在示范区的落地有利于青岛市乃至山东省加快构建以国内大循环为主体，国内国际双循环相互促进的新发展格局，为上合国家间跨境资本流动和金融市场互联互通扩展新渠道，有效拓宽境外投资范围，提升资产配置效率，同时对推动青岛跨境财富管理创新、扩大金融业对外开放具有重要意义。

六是对外合作日益密切，开放水平不断提高。上合示范区通过举办"云聚上合共谋发展"多国使节视频推介、"友城合作共创未来"等系列活动，对外交流活动不断，已经成为上合示范区破局疫情影响、实现对外交流"不断档"的常态化举措。2021上合博览会吸引世界目光，上合组织秘书处、中国—东盟中心、中葡论坛秘书处等3个国际组织，俄罗斯、塔吉克斯坦等30个国家的76位驻华使节参会，是青岛历史上参会国家和使节数量最多的展会。线下442家、线上1500余家企业参展。达成采购交易额3亿元，意向采购额20亿元。与17个国家的4个城市、19个园区签署合作备忘录，上合国际能源中心等20个项目现场签约，总投资668亿元，涵盖商贸物流、新能源、高端制造、文化旅游、生物医疗等多个领域。① 其间发布上海合作组织地方经贸合作论坛"青岛倡议"，先后举办上海合作组织国家驻华使节推介暨企业投资贸易洽谈会、中国—白俄罗斯经贸合作对话会、中国—葡语国家经贸合作交流对话会。俄通社—塔斯社等上合组织国家主流媒体报道240余篇次，美国通讯社等500余家海外网站主发、转载，阅读量突破1000万次，产生了新闻爆点效应。10月20日，举办第二届"空中丝路"国际航空合作峰会。工业和信息化部、中国航空工业集团等100多家单位的近300名代表参加峰会，亚美尼亚驻华大使马纳萨良、青岛市政协主席杨军出席会议并致辞。本次峰会由"空中丝路"联盟主办，以"架起新时代'空中丝路'，助力'双循环'发展格局"为主题，发布《绿色可持续"空中丝路"之青

---

① 齐鲁壹点：《上合国际投资贸易博览会在青开幕，参会国家商品青岛史上最多》，2021年4月26日，https://baijiahao.baidu.com/s? id = 1698076463786890811& wfr = spider&for = pc。

岛倡议》，集中签约 6 个航空项目。2021 年，在巴基斯坦拉合尔市举办 2021 年巴基斯坦国际工业展览会。来自中国、巴基斯坦及周边国家的 200 多家展商参展，到会客商数量约 18000 人次。这是上合示范区克服新冠肺炎疫情影响，首次走出国门在上合组织国家线下举办展览会。

上合示范区首次赴澳门举办中国—上海合作组织地方经贸合作示范区澳门投资推介会，与澳门青岛商会、葡语系国家及地区酒类及食品联合会，就开拓葡语系国家市场签署合作协议；青岛旅游集团与澳门航空、澳门中国旅行社签署合作协议，中国—上海合作组织地方经贸合作示范区驻澳门联络站正式揭牌，澳门葡语系国家特色商品展区落户上合示范区。

4. 建设商旅文交流发展中心，促进区域内商业、旅游、文化融合发展

一是商旅文对外交流平台和载体建设有效推进。建成 3 万平方米的上合国家客厅、央企国际客厅，车里雅冰克州米亚斯市商会代表处、巴基斯坦辣椒协会等上合组织国家的 18 家商协会、220 名中外员工入驻。巴基斯坦中国中心、澳门葡语系国家商品馆、阿塞拜疆国家商品馆、青免国际跨境商品体验中心纳客运营；土耳其、俄罗斯、乌兹别克斯坦国家商品馆即将投用。成功举办央企国际客厅网上招商发布会，吸引中铁、中交、中南等企业入驻建设上合 CBD 商务区，共同打造央企资源平台。同步建设上合"法智谷"，2021 年 9

月10日上线运营涉外法律服务大数据平台。平台可实现中、英、俄三种语言版本切换，提供国内和上合组织国家法律法规、司法案例、涉外法律服务机构等信息一站式查询以及涉外法律服务供需撮合服务。2021年注册用户628个，提供法律服务130余次。12月20日，上合示范区国际物流仲裁中心揭牌，提供专业化、多元化、个性化商事争议协调和劳动争议调解等服务，打造一站式国际商事纠纷解决平台。此外，上合示范区还设立了外国人来华许可证、上合示范区外国人签证受理点，国际商事服务环境逐步优化。

案例7

打造青岛·上合国际客厅，助力地方经贸深度合作

青岛·上合国际客厅是上合示范区管委会为落实青岛市国际客厅推进工作所打造的上合组织国家交流合作平台。2021年以来，上合示范区以青岛·上合国际客厅为重要建设平台，以平台内项目的建设和优化为抓手，加快推进上合示范区与上合组织国家以及"一带一路"沿线国家在经贸、旅游、文化、教育等诸多方面的合作与交流，推进客厅建设、运营、宣传规范化管理，助力地方经贸深度合作。

一 创新做法

（一）实体平台建设方面。一是打造面向所有上合组织国家的公共服务区域，建设7个具有成员国家特色的开放式洽谈交流区和1个上合组织其他国家的公

共洽谈交流区，设有路演、信息发布区，可以为客厅商户举办小型活动提供活动场地，设置有咖啡吧、茶歇区，满足客户多元化需求，实现洽谈交流、路演、信息发布、会议举办等综合公共服务职能。二是实现上合国家特色商品馆、阿塞拜疆国家品牌馆、青免国际"零关税"跨境商品线下体验中心常态化运营，馆内商品展品共计 200 个品类，主要为各国地方特色商品，包括酒水饮料、纺织布艺、特色食品、瓷器饰品等，目前，正在洽谈引进的品牌馆有俄罗斯国家馆、土耳其国家馆、乌兹别克斯坦国家馆和尼泊尔国家馆。三是利用上合文化展示区积极打造上合组织国家的特色文化交流活动，2021 年已举办俄罗斯列宾美术学院的画展、尼泊尔传统手工艺艺术展、巴基斯坦文化展等活动，尼泊尔驻华公使苏轼、巴基斯坦驻华大使馆文化和新闻官赛依达·赛拉等上合组织国家外交使节为展览揭幕并与示范区就双边文化活动进行座谈交流。

（二）数字平台建设方面。上合国际客厅中、俄、英、日、韩五语种官方网站上线运行，线上涉外法律服务大数据平台已建设完成并上线测试，具备涉外服务机构查询、法律需求撮合、法律服务展示三大功能，上合贸易指数已发布并定期更新，成为上合组织成员国贸易发展的风向标和晴雨表，上合国家特色商品馆、阿塞拜疆馆、青免国际体验店内产品均有 App、数字直播等销售平台。

（三）配套服务平台建设方面。对接国际先进理念，建立与国际接轨的商事规则体系，创造适应市场经济要求的法治环境，为入驻企业提供涵盖知识产权保护、法律服务、金融服务等国际社会通用的商事服务。正式启动"法智谷"，吸引各类律所和法律机构的入驻，如金杜、锦天城、德恒、中闻律师事务所，"一带一路"国际商事调解中心，华东政法大学上合示范区"一带一路"法律研究与实践基地等。上合多元纠纷化解中心主要通过诉前调解，组织示范区主体通过协商对纠纷进行预处理，调解不成的，案件由涉外审判团队进行审理。金融聚集区引入上合组织国家保险、金融、会计、审计、评估企业，建设服务示范区、联动上合组织国家资本周转与融通、保险投资清算、金融资产标价和金融信息的金融聚集区。项目路演区通过搭建O2O路演平台，在线上，以上合5G数字国家客厅为载体，创新视频路演等方式，降低企业成本。在线下，为有意进入中国市场的企业、机构和投资者搭建路演场地，提供专业咨询服务，寻找潜在合作伙伴。上合青年创业孵化器配套完善办公、生活设施，吸引"一带一路"沿线国家及上合组织国家青年创业团队集中入驻，打造成国际创新创业孵化基地。目前已入驻青岛合和兴国际贸易有限公司和青岛译酷国际文化产业有限公司等五家创业公司，其中上合—上海创业港项目目前已完成签约，已正式运营。上合示范区技术合作中心打造技术转移公共服务平台，促进有技术需要的企业机构与科技创新资源高效对接。大力发展风投创投，为科技成果转化提供资金支持，搭建推进国内外重要科技成果转化落地的一体化平台。

（四）开拓业务服务领域。充分发挥商协会联动投资企业作用，邀请各国商协会来上合"国家客厅"与国内协会联谊共建，更好地连接国际国内两个市场、两种资源，推动上合国家间经济资本、技术、人才、经贸在此交流、融合、集聚。通过国家客厅平台的连接对接作用，拓展服务领域，举办"2021 央企青岛行——央企国际客厅欢迎您"招商推介活动，30 多家中央企业参加、国务院国资委领导及有关省属企业负责人参加，央企国际客厅揭牌，促成项目落地临空经济区、九龙街道办事处等。充分发挥巴基斯坦中国中心示范引领作用，打造巴基斯坦英才中心、领事服务中心、产品展示交易中心、双向文化、旅游、教育交流中心、中巴跨境电商交易中心、金融中心、巴基斯坦投资中心、中巴双向投资企业总部、中巴科创园项目以及巴基斯坦商协会平台。

（五）建立市场化运营模式。根据青岛市对客厅的考核要求，我们对入驻企业进行了分析，并制定了三年内达成自我运作、完全市场化的目标。未来三年内计划完成产值 8 亿元，贸易额 20 亿元，形成地方财力超过 1500 万元，实现对管委租金支出等费用的覆盖。同时根据企业入驻客厅基本要求、收费标准、入驻程序、退出机制、合同签订等一系列情况制定了《上合国家客厅使用管理办法》并以管委会的名义正式印发。

（六）建立立体化宣传矩阵。通过上合示范区规划展览馆详尽介绍了上合示范区整体情况、上合组织国家及城市情况介绍、示范区地理位置及区域规划、

"4+1"中心建设目标和进展、上合贸易指数等内容，搭建观摩交流平台；通过援外培训课堂向上合组织国家官员、高管等参训学员推介上合示范区发展规划和各类招商引资政策；通过"友城合作、共创未来"系列活动开展双边、多边对话会，推介会及线上展会；积极对接如中国网、人民网、青岛日报网、大众日报网、澎湃新闻等媒体对上合动态新闻进行多维度宣传。

二 创新效果

2021年上半年，上合国家客厅共计接待参观680场，7920人次。其中接待省级参观73组，国家级参观60组。1月接待过巴基斯坦驻华大使莫因·哈克；4月26日上合投资贸易博览会期间，接待过全国政协副主席梁振英以及来自上合组织国家的十余位大使、参赞。

截至目前，共完成各类活动25场次，近2000人参与活动，其中，包括"走进上合"主题活动12场，"上合课堂"主题活动4场，借助活动邀请政府机关、企业代表、学校师生、外籍友人等社会各界人士走进上合、了解上合、融入上合，在实地考察中逐步增强示范区发展动力，持续凝聚示范区发展人气。

二是成功举办一系列对外商旅文化交流活动。2021年，上合示范区举办上合组织国家旅游城市推介会、中国—巴基斯坦地方双向旅游推介会，发布34条旅游线路；举办首届上合全球人才创新创业大赛总决赛、首届中俄青年创新创业与创意大赛、"相约上合杯"俄语大赛、"外国使节共植友谊林"、"2021上合之夏"、"上合发展集团杯"、2021上合组织国际象棋网络团体赛、中巴建交70周年庆祝活动等13场活动，330人次上合组织国家客人到访。为讲好"上合故事"，2020年以来，央视央媒宣传报道上合示范区150篇次，2021年全年央视《新闻联播》《朝闻天下》《新闻直播间》《今日环球》等栏目刊播上合示范区报道40余次，新华社、人民日报等中央媒体刊发报道60余篇次，山东电视台、大众日报等省级媒体播报104篇次，俄通社—塔斯社等上合组织国家主流媒体播报420余篇次。启用五语种官方网站，网站权威发布上合示范区动态新闻及消息，可实现中、俄、英、日、韩五种语言版本的自由切换，上合示范区国内、国际影响力不断提升。12月16日，上合示范区荣获2020年"讲好中国故事"创意传播大赛"一带一路"主题赛一等奖。2021年上合博览会期间，俄通社—塔斯社等上合组织国家主流媒体报道240余篇次，美国通讯社等500余家海外网站主发、转载，阅读量突破1000万次，上合示范区的知名度、吸引力明显提升。

三是创建教育培训合作平台，拓宽国际合作路径。2021年9月17日，在上合组织元首理事会第二十一次会议上，习近平主席再次赋予上合示范区建设中国—上海合作组织经贸学院、助力本组织多边经贸合作发展的国之重任。上合示范区依托现有办学资源以及青岛大学和山东大学（青岛）、复旦大学青岛研究院、山东外贸职业学院等驻青高校，积极开展培训工作。

截至2021年11月，线上线下共开展援外培训和经贸培训14个班次，来自40个国家的1071人次参加培训，其中线上609人次、线下462人次。向上合组织20个相关国家驻华使馆、中国驻相关国家使馆发函征求教育培训需求。目前，已收到设置跨境电商发展、跨境供应链管理等课程的反馈意见。2022年1月，中国—上海合作组织经贸学院在青岛揭牌成立，学院以上合示范区为推进主体，青岛大学为实施主体，实行理事会领导下的院长负责制，突出开放性、国际化、市场化、创新性，致力于建设具有上合特色和国际影响力的世界一流经贸学院，面向上合组织和"一带一路"沿线及相关国家，开展人员培训、人才培养、智库建设、科技合作等工作，着力建设"经贸+"学科体系，培养熟悉上合组织国家国情、通晓国际规则、服务"一带一路"倡议的创新型经贸人才，打造专业化多元化的人才培养平台、上合组织和"一带一路"沿线及相关国家高端国际智库凭条、畅通高效的经贸合作交流平台，助力上合组织相关国家多边经贸发展。①

5. 体制机制创新为示范区发展提供制度保障

一是逐步建立科学管理体制机制。上合示范区建设启动后，山东省委高度重视，成立省委主要领导任组长的中国—上海合作组织地方经贸示范区建设领导

---

① 青岛早报：《中国—上海合作组织经贸学院挂牌》，2022年1月20日，https://baijiahao.baidu.com/s?id=1722435379402559099&wfr=spider&for=pc。

小组，多次召开会议专题研究部署，省委、省政府分管领导多次调度部署相关工作。在"全域统筹、一核引领、三区联动"的工作方略引领下，青岛市成立现代化上合新区建设推进委员会，下设综合协调、产业发展、规划建设等六大专班主力军，负责具体工作的推进实施。上合示范区配备了强有力的领导班子，建立健全部门设置，完善制度规章，形成了有效率、有战斗力的体制机制。

二是坚持发挥规划引领作用，初步形成科学合理的规划体系。上合示范区建设以《总体方案》为指引，委托相关国家级智库、研究机构，编制完成《上合示范区总体发展规划》《上合示范区产业发展战略规划》《上合国别研究》等一系列顶层规划和专项规划，进一步深化了发展理念，明确了发展思路与发展路径。秉承"向地下要空间、向地上要效益"的发展理念，上合示范区核心区规划地上建筑规模约为1200万平方米，地下空间规模约为550万平方米，空间建设日益凸显"上合风貌"。《上合示范区核心区城市设计》《上合示范区核心区地下空间规划》于2020年6月20日通过由4名院士牵头、共8位专家组成的评审组的评审。

三是创建制度创新平台，服务上合经贸发展。上合示范区立足上合经贸需求和应用场景，成立示范区发展专家咨询委员会，委托商务部贸研院、国家发展改革委中咨集团、海关总署等8家国内高端智库开展制度创新研究，对标高标准国际经贸规则开展制度创新研究，制定《2021年制度创新工作行动方案》，

2021年已发布"一单制"试点等20项制度创新案例。在全国首创"上合·银关通"关税保函业务，建立全国首个与上合组织国家间跨境征信平台。为加快推进上合示范区建设，推动涌现更多高质量、高标准、系统化制度创新成果，上合示范区管委会制定出台《行动方案》，围绕推进国际物流便利化、现代贸易便利化、双向投资便利化、人文交流便利化、科技合作和成果转化、金融开放创新和优化提升营商环境7个方面，制定了30项制度创新清单，正在一一落实突破，未来将为上合示范区全面起势提供更多发展动能。①

案例8

创新开展上合"银关通"关税保函业务

上合示范区作为与上合组织国家相关地区间双向投资贸易制度创新的试验区、企业创业兴业的聚集区、"一带一路"地方经贸合作的先行区，始终肩扛先行先试，以制度创新推进国际经贸合作的重要使命。调研发现部分企业在经营过程中存在因缴纳关税保证金引起资金占压的问题，资金周转效率慢影响了货物通关速度。针对企业进出口通关中的"痛点""难点"问题，上合示范区管委与海关、青岛市商务局、青岛农商银行共同推出了"上合·银关通"关税保函业

---

① 青岛新闻网：《通达18个国家46个城市！上合示范区："新平台"加速融入"新格局"》，2021年12月9日，https://baijiahao.baidu.com/s? id = 171861949115893369&wfr = spider&for = pc。

务，相关进出口企业凭借青岛农商银行出具的"担保文书"就可享受"先放后缴，汇总纳税"的便利，实现货物正常通关，兼具创新性、规范性与便捷性。该案例入选山东省2021年度青岛关区深化"放管服"改革优化口岸营商环境十佳实践案例。

一 创新做法

（一）精准把握，确定施策范围。上合示范区管委会与青岛海关共同筛选出海关一般认证以上级别的进出口企业纳入"白名单"，"白名单"企业可向青岛农商银行提出申请，由银行向海关出具缴纳海关关税的担保文书，提供关税保函服务。企业获得"先放后缴，汇总纳税"的通关便利服务，于次月第5个工作日结束前完成上月应缴税款的汇总电子支付。

（二）完善流程，做好风险防控。制定了详细的业务流程、风险控制、授信额度、叫停机制、联系机制。关税保函额度不超过企业上年度全年海关税款的15%或企业上年度单月最高海关税款的110%，单户最高授信额度一般不超过1000万元，该业务总授信额度不超过1亿元。上合示范区设立5000万元的关税担保风险补偿基金，专门用于海关税收风险补偿，最大限度为企业发展保驾护航。

二 创新效果

促进贸易便利化，提升企业获得感。一是减轻企业资金压力，与传统方式相比，实施"先放后税"措施后，整个流程"0手续费，0担保费，0保证金"，降低了融资成本，大大加速资金回笼周转，预计每年可为享惠企业创造经济效益200万元以上。二是提高贸易便利化水平，与海关"汇总征税"改革相结合，凭借银行担保，企业进口货物到港申报后可直接放心提货，事后每月汇总缴纳税款，实现了政策红利的双重叠加，在缓解企业资金压力的同时加快了货物通关速度，提高贸易便利化水平，进一步拓宽战略合作领域，强化信贷资源支持，创新丰富金融产品，为实现上合示范区高质量发展注入强劲动力。

（二）上合示范区建设面临的挑战

自成立以来，上合示范区在区域物流中心、现代贸易中心、双向投资中心、商旅文交流中心建设以及体制机制创新等方面都取得了显著的成绩。根据习近平主席"打造'一带一路'国际合作新平台"重要指示精神，上合示范区建设已初见成效。但目前，上合示范区建设仍面临着一系列来自外部和内部的压力与挑战。

1. 国际环境更趋复杂严峻

目前，乌克兰危机和大国博弈加剧，逆全球化浪潮席卷全球，国际形势的不稳定和不确定风险显著上升。在传统安全领域，全球主要大国或国家集团之间的竞合关系深度调整，地缘政治紧张局势持续加剧。俄罗斯和乌克兰军事冲突前景尚不明朗，冲突存在长期化、升级化的前景。美欧加紧在全球布局，单边主义、保护主义、强权政治与逆全球化势力混杂，各国各地区长期积累的内部矛盾综合发酵，全球动荡源和风险点增多，国际安全形势进一步恶化的可能性升高。此外，公共卫生、粮食安全、恐怖主义、难民危机、贫困加剧等非传统安全问题日渐突出，同样增加了国际协调与合作的难度。

2. 中国与上合组织成员国开展经贸活动的基础较为薄弱

第一，集聚资源的能力不够强。中国国内对上合组织国家国别分析和研究不够深入、精准，推进经贸合作的方向、路径、措施有待优化。且受新冠肺炎疫情影响，上合组织成员经济复苏动力不足。第二，乌克兰危机导致全球粮食价格和大宗商品价格上涨，加剧通胀压力，全球经济复苏整体乏力。联合国在最新发布的《2022年年中世界经济形势与展望》报告中，将2022年全球经济增长预期由2022年1月发布的4.0%大幅下调至3.1%。[①] 第三，由于俄罗斯受到西方的严厉制裁，可能会使其中亚邻国遭受冲击。这些国家与俄罗斯的贸易和支付系统联系紧密，这将抑制其贸易、侨汇、投资和旅游业，并对经济增长、通胀以及外部和财政账户产生不利影响。[②] 再加上疫情阴影

---

① United Nations, World Economic Situation and Prospects as of mid–2022, May 18, 2022, https://www.un.org/development/desa/dpad/publication/world-economic-situation-and-prospects-as-of-mid–2022/.

② 国际货币基金组织：《乌克兰战争如何深刻影响世界各个地区》，2022年3月15日，https://www.imf.org/zh/News/Articles/2022/03/15/blog-how-war-in-ukraine-is-reverberating-across-worlds-regions–031522。

笼罩下中亚地区国家贸易活动遭到干扰，经贸人员往来受到持续影响，进一步阻碍了该地区上合组织国家脆弱的复苏势头。

3. 上合示范区发展的制约因素日益凸显，关键性政策争取亟待突破

上合示范区内部在发展落实过程中仍存在着不少具体问题尚待解决，限制了其推动上合组织经贸合作发挥作用的空间。大宗商品交易、农产品指定监管场地、国家中欧班列集结中心示范工程等对示范区有重大支撑作用的政策措施亟待进一步突破，制度创新缺少首创性、影响力大的举措。比如存在中欧班列指标不足，回程班列同质化竞争较为严重的问题。中欧班列是上合示范区建设国际物流中心和现代贸易中心的重要发展方向，运输成本较低。而目前全国班列的数量总计为1200列，其他省份集中在一家，山东省则分散在济南、青岛和临沂三处。目前，上合示范区面临集装箱积压的问题，每月发30—40列，而实际需求至少为50列，由此导致的货物发不出去的问题尚待解决。同时，囿于配套政策或保障政策暂未落实到位，上合示范区距离国家对其战略定位存在较大的提升空间。目前，粮食、油气等大宗商品进口政策和离岸免税政策暂不能适应上合示范区发展的总体要求。根据《总体方案》，要"支持青岛试点建设上合组织国家特色农产品进口制定监管场地，加快推进上合组织国家优质农产品和食品准入进程"。但是，受准入门槛和配

额限制，相关政策在推动上合示范区发展方面的作用尚未得到充分发挥，功能性支撑平台有待进一步完善。此外，受新冠肺炎疫情冲击，上合示范区出国商务洽谈和外方来上合示范区均受到阻碍，既定的经贸交流合作方式改为线上交流为主，既"走不出去"也"请不进来"，大多合作伙伴表示待新冠肺炎疫情过后前来考察，影响项目落地。特别是落实《总体方案》中提出的"支持企业在上合组织国家主要城市建设国际物流节点""在伙伴城市设立采购中心、营销中心"等工作任务难度加大，合作方式和路径有待进一步拓展。

此外，上合示范区的体制机制仍需进一步优化。上合示范区与开发区之间功能界定不清晰，园区上合氛围不浓，语言、经贸专业人才短缺，影响了与上合组织国家经贸合作的深度和广度。

五　上合示范区建设平台

平台建设是落实上合示范区深入发展的软件基础，关系到上合示范区的发展方向和建设目标，也为打造"一带一路"国际合作新平台提供了制度性保障。上合示范区平台建设主要包括多式联运综合服务平台、贸易投资合作平台、跨境电商平台、金融创新服务平台、地方与城市合作平台、国际园区建设服务平台、金融服务平台、文化交流合作平台等。

（一）国际多式联运综合服务平台

从全球地理位置来看，上合示范区东接日韩面向亚太地区、北接蒙俄、南连东盟、西接上合组织和"一带一路"沿线国家，通过多式联运构建国际物流通道的区位优势明显。作为国际多式联运枢纽，上合示范区青岛多式联运中心整合了海、铁、陆、空等运输功能，构建了"一带一路"国际物流通道。通过这一国际物流大通道，包括上合组织成员在内的越来多"一带一路"沿线国家的产品实现了互联互通，打开了贸易新格局。

为探索信用融资新模式，更好发挥多式联运综合服务功能，上合示范区积极开展多式联运"一单制"试点。上合示范区与中国国际货运代理协会（CIFA）合作，试点推广CIFA国际多式联运提单，完善多式联运提单相关作业标准、责任条款和管理办法。CIFA国际多式联运提单是为打造中国国际多式联运标准体系，健全多式联运各项规则，提升多式联运一体化、一单制服务水平的积极努力，同时也是为解决"一带一路"运输单证问题、探索贸易金融新模式迈出的重要一步。[①]

案例9

开展多式联运"一单制"试点，探索信用融资新模式

2021年4月下旬，山东高速"齐鲁号"欧亚班列运营有限公司在上合示范区签发首张CIFA多式联运提单，该票货物主要为松木板材，共2343吨，货值55.2万美元，搭乘中欧班列（"齐鲁号"）由俄罗斯塔利奇车站发出，经满洲里口岸入境，采用了"公路—宽轨铁路—标准轨铁路—公路"的多式联运方式，于5月上旬抵达上合示范区。收货人凭借该提单在三日内通

---

① 宋安琪：《CIFA提单破解多式联运一体化难题》，《中国远洋海运》2020年第11期。

过浙商银行实现提单质押方式融资32.7万美元,实现了多式联运提单融资功能,缓解了企业临时性资金压力,减少单据流转环节,实现了更为严格的货权控制。上合示范区围绕物畅其流,加快实施"一单制"改革,找准制约贸易流通的难点、痛点、堵点,推动规则、机制、流程再造,建立"一份合同、一张单证、一次付费、一单到底"的全程运输模式,实现一张"提单"走天下,形成便捷安全高效的国际贸易新机制。

一 创新做法

(一)重构单证规则,让流通更便捷。围绕提升运输、通关等环节的便捷性、安全性,与中国国际货运代理协会合作,依托CIFA提单系统,重新建立单证规则。该规则明确了适用性、签发、交付、多式联运经营人与实际承运人权责划分、索赔方式等要素,将货物的交易变成单证的交易,贸易单据处理由原有的"多头接洽"转变为"一窗受理"。新规则实施后,单据流转时间缩短30%,免除了原有模式下陆运、海运分段委托的麻烦,实现货物"一人到底、一单到底、一箱到底、一签到底、一检到底"。

(二)探索单证融资,让资金更高效。针对企业增信难、融资难问题,联合山东高速、浙商银行、日照银行等多家机构,以"物权化"为切入点,探索推动单证融资,共建多方协同、风险分担的陆上贸易融资新机制。在新的贸易融资机制下,进口商、金融机构、全程运输监管方(山东高速)三方共同拟定提单质押融资协议,赋予铁路"提单"物权属性,为物流行业提供供应链金融解决方案,提高了进出口贸易的"钱流"速度。

(三)数字赋能管理,让物流更智慧。依托区块链、人工智能、大数据等先进技术,将信用池系统引入"一单制"服务体系,通过搭建供应链金融服务平台,实现了铁运、海运、陆运等相关业务单位数据的无缝对接。依托"一单制"服务体系,企业贸易订单上链流转,物流信息全流程追踪,银行机构根据链上约定付款条件自动付款,形成"交货—运输—监管—提货"全链条闭环管理体系,实现了货物实时追踪、全程监控和在线查询。

二 创新效果

通过打造中欧班列("齐鲁号")铁路联运外贸提单系统、信用证体系,将货物的交易变成单证的交易,贸易单据处理由原有的"多头接洽"转变为"一窗受理",单据流转时间缩短30%,有效提高了外贸交易的便利性;通过多式联运提单连接中欧班列收货和送达环节,以"公铁联运""海铁联运"等方式实现了"门到门"运输"一单到底";企业可以根据自身资金需求进行提单质押融资,破解企业融资难的痛点,优化营商环境。现阶段,日照银行、浙商银行等已认可了CIFA提单的物权属性,逐步将符合其风控条件使用CIFA提单的企业纳入企业信用池,依托政府、银行、征信机构、企业行为大数据,探索信用融资的新模式。

2021年5月,山东高速"齐鲁号"欧亚班列运营有限公司在上合示范区签发的山东省首批中国国际货运代理协会（CIFA）国际多式联运提单货物抵达胶州海关。该批货物为松木板材，共 2343 吨，货值 55.2 万美元，搭乘"齐鲁号"欧亚班列由俄罗斯塔利奇车站发出，经满洲里口岸入境，全程采用"公路—铁路—公路"多式联运方式。"齐鲁号"欧亚班列充分发挥省级平台整合能力，将"一单制"与"供应链金融""运贸一体化"等多种"班列+"业务模式进行融合，提高综合服务能力，让客户享受更加便捷的服务，有效解决因新冠肺炎疫情导致的物流不畅通问题，真正为外贸企业降本增效。上合示范区签发的 CIFA 国际多式联运提单，实现了铁路提单融资功能，标志着山东省及上合示范区多式联运"一单制"工作取得新突破。

案例 10

创新加密开行"上合快线"，打造欧亚班列运行新范式

2019 年山东高速集团推出"齐鲁号""上合快线"特色班列，重点开发进出口货源，服务山东和上合组织国家的进出口企业。"齐鲁号""上合快线"辐射上合组织 5 个成员国和 3 个观察员国的 30 多个城市，先后开通直达塔什干、明斯克、阿拉木图、比什凯克、巴库、伦敦、汉堡的点对点班列，平均每周发运 8—10 列，实现稳定常态化运营，有效促进了上合示范区与

上合组织国家间的经贸往来。

一 创新做法

（一）加强境外合作，优化班列组织。积极推动在重点国家节点城市设立办事处，提升境外集货揽货分拨的能力，设立海外展示中心，与俄铁、哈铁等继续深化合作，加快德国、中亚五国境外站点布局，优化中亚班列线路资源和货源组织，以境外经贸合作区为枢纽节点，加强与境外合作区业务联动，完善欧亚班列的服务体系，建立灵活的价格运行机制，提高欧亚班列竞争能力。

（二）构建数字班列服务平台。依托胶州多式联运中心智慧物流平台，建设汇集政府部门、多式联运相关企业、物流服务企业等多方的多式联运公共信息服务平台，充分推动海铁联运、公铁联运、空铁联运等多式联运业务开展，推动打造多式联运综合交通运输体系。加强云计算、物联网技术在班列中的应用，提升班列综合信息服务水平。

（三）打造胶东半岛货源集结中心。规划建设中欧班列（青岛）集结中心，借鉴先进省份经验做法，依托上合示范区多式联运中心，打造包含金融物流监管、供应链金融服务、交易交付、超市展销、大数据增值等多项服务的上合多式联运交易市场，提升上合示范区中欧班列（"齐鲁号"）发运量。

二 创新效果

"上合快线"点对点班列线路不断丰富，通过开行塔什干、阿拉木图、比什凯克、巴库、明斯克、伦敦、汉堡点对点班列，有效拉动胶东半岛及青岛本地货物（海尔和海信家电、电子产品、纺织品、化工原料、轮胎、陶瓷、卷钢、工程机械、工程设备、汽车零部件）搭乘"齐鲁号""上合快线"发往中亚、西亚、东欧、南欧、中欧等地。同时在回程货物方面，欧洲、俄罗斯、中亚五国的木材、铅锌锭、纸浆、沥青、矿石、燃料油、粮食可以顺畅搭乘"上合快线"点对点班列，发往中国及日韩市场，有效促进上合示范区与上合组织国家之间的经贸往来。截至2021年10月，上合示范区与上合组织国家实现进出口贸易额25亿元，同比增长131%。

当前，上合示范区正加快国际多式联运物流中心建设，常态化开行25条国际、国内班列线路，通达上合组织及"一带一路"沿线20个国家、49个城市。上合示范区"齐鲁号"中欧班列以及"日韩陆海快线""鲁欧快线""上合快线""中老国际货运列车"等实现班期化、常态化稳定开行，不断创新国际物流新模式，加快建设内联外通"国际大循环"的重要开放平台。

案例11

打造"欧亚班列+TIR"日韩陆海快线集结中心，构建国际联运综合港

2020年2月28日，上合示范区推出"齐鲁号日韩陆海快线"特色班列，以上合示范区为连接点，延伸覆盖大阪、名古屋、横滨和仁川、釜山等日韩主要港口，将海运船期与中欧班列（"齐鲁号"）班期相匹配，为中日韩客户提供专业化的全程物流供应链解决方案。国际公路运输系统（TIR）是唯一的全球性跨境货运通关系统，建立在联合国《TIR公约》基础上，通过简化通关程序、提高通关效率，推进国际运输与贸易便利化。中国于2016年7月正式加入国际道路运输联盟的《TIR公约》，2019年6月《TIR公约》在中国全境（除港澳台地区）正式实施。2020年6月12日，"中国青岛—乌兹别克斯坦塔什干TIR定班专线"首发，这标志着上合国际道路运输TIR正式测试运行。2021年11月25日，上合示范区海关监管场所正式启用，海关监管场所可为上合示范区内各生产销售企业、电商企业提供通关查验、货物监管、物流仓储等全方位、一体化服务，实现与海空铁各口岸的互联互通、一体化运作。依托青岛东连日韩、西接欧亚区位优势，推动日韩班轮与中欧班列（"齐鲁号"）、公路运输TIR联动，开展面向上合组织内陆国家的海、铁、公路联运服务合作。

一 创新做法

（一）持续畅通多式联运大通道。依托胶济铁路、胶新铁路衔接中欧班列东通道，并高效融入东、中、西三大中欧铁路通道，连通欧洲及沿线国家、东亚、东南亚及其他地区，打造通达全球的国际多式联运走廊。自2018年9月开行青岛中欧班列以来，上合示范区青岛多式联运中心已常态化开行22条国际国内班列，其中包括日韩陆海快线，以及中亚班列、中欧班列等13条国际班列，逐步构建起"东接日韩亚太、西联中亚欧洲、南通东盟南亚、北达蒙俄大陆"的国际物流、贸易大通道。

（二）大力发展海铁联运业务。2014年12月，胶州市政府、济南铁路局、青岛港集团、中铁联集总公司签署战略合作协议，开通胶黄小运转省内循环班列，实现"前港后站、一体运作"的海铁联运模式，提供"就地办单、提还箱、海关联合监管"等服务功能，实现"港口功能后移、海铁无缝衔接"。

（三）设立海关监管作业场所。构建上合示范区国际道路TIR运输集结中心，实现集出口货物集结、TIR报关、查验功能于一身，开设中哈（阿拉木图）、中欧（匈牙利布达佩斯）、中俄（莫斯科）等TIR定班专线，为用户提供多元化道路运输方案。

（四）设立韩国、日本营销中心。2019年3月13日，中欧班列（"齐鲁号"）韩国营销中心在韩国首尔揭牌设立，2019年12月6日，中欧班列（"齐鲁号"）日本营销中心揭牌设立。营销中心主要负责在日、韩地区推广"齐鲁号"服务产品，寻求更多海外投资合作机会，不断增强在境外市场的拓展力度。

二 创新效果

（一）货源品类结构进一步优化。通过开通欧亚班列"日韩陆海快线+TIR"专线运输，进一步提升多式联运服务质量，发运货物中汽车、家电、机电设备、化工制品等高附加值产品占比持续增加，货物品类进一步丰富，促进上合示范区外贸进出口发展，提升与上合组织国家之间的贸易额。

（二）实现"门到门"灵活运输服务。通过上合国际道路运输 TIR 通道，货车上的集装箱全程一箱到底，在伊尔克什坦口岸交换集装箱无须重新装卸货物，可实现随时下单、装车、报关、出境，全程24小时可视化，实现"门到门"灵活服务。

（三）简化货物通关程序。上合国际道路运输 TIR 通道的运输时间与成本得到节省，青岛直达乌兹别克斯坦国际道路专线，用时仅7天，有效简化货物通关程序，节省运输时间与成本，为上合组织国家间的跨境运输与贸易提供便利，运输时间仅是海运的20%、铁运的50%，与空运相当，成本介于空运与铁运之间，大大便利了上合组织国家间的跨境运输与贸易。

（二）贸易投资合作平台

1. 进出口贸易信息服务中心

为加强上合示范区与其他上合组织国家及其地方城市之间的经贸联系，提升进出口商的业务办理效率，建议成立上合示范区进出口贸易信息服务中心。服务中心是对上合示范区内外贸企业提供业务服务的窗口，基本职能是针对面向上合组织国家的青岛市外贸企业在上合示范区内开展进出口贸易活动过程中免费提供公共信息、咨询指导等服务。

按照商务部的授权范围和青岛市主管经济贸易的商务局管理规定，审核发放面向上合组织国家的各类进出口商品许可证和办理对外贸易经营者备案登记。进出口商品许可证包括：出口许可证、自动进口许可证、重要商品关税配额证明、两用物项和技术进（出）口许可证。负责青岛市面向上合组织国家的各类商品展览（销）会、经贸洽谈会的组织承办工作，其中包括中国进出口商品交易会和国内外知名博览会的参展组织协调工作。负责承办、代办其他上合组织国家企业驻青岛市代表机构和外商投资企业的设立、延期、变更等相关业务。

2. 转口贸易服务机制

在上合示范区建立转口贸易服务机制，有利于拓宽青岛市面向上合组织国家多元化的贸易渠道建设。转口贸易对中间商所在国而言，一般必须具备两个条件：一是自然条件，即中转国的港口必须是深水港，吞吐能力强，地理位置优越，处于各国之间的交通要冲或国际主航线上；二是人为条件，要求中转国对中转地采取特殊的关税优惠政策和贸易政策，同时，要求该地的基础设施、交通、金融和信息等服务系统发达且完备。上合示范区所在的青岛市基本具备了上述转口贸易运行的条件。

转口贸易根据货物是否在中转地加工，可分为纯粹转口贸易和加工转口贸易。纯粹转口贸易是中转第三国的中间商对进口的货物未经加工再出口。加工转口贸易是货物通关输入到中转地，经加工增值后再输往进口国的贸易方式。通过上述方式，可以打造与国际转口贸易相配套的产业链，增强当地对国际转口贸易的支撑力，提升国际转口贸易的增加值。① 纯粹转口贸易可以使上合示范区形成贸易品的中转站，通过转口贸易获得经济收益。加工转口贸易则可以带动当地的产业配套发展、积极拉动就业和技术升级等相关效应，也可以建设部分产业的供应链发展，创造示范区的经济活力和增长韧性。

在上合示范区建立转口贸易服务机制，不仅可以提升以上合示范区为中转地的贸易量，也可以带动整个青岛市的就业，尤其是加工转口贸易，能给当地就业和技术外溢创造较大的扩大机会。转口贸易服务机制有助于完善上合示范区的经贸核心功能，促进贸易便利化水平，大力提升上合示范区的营商环境，推动上合示范区及周边地区融入全球价值链并促进产业升级。只有当制度的开放和自由都超过通常国际贸易所需的程度，才能形成促进转口贸易发展的环境。②

3. 投资贸易便利化机制

在上合示范区建立高标准的投资贸易自由化、便利化的制度体系有利于使过去以要素和商品流动性为

---

① 潘辉：《上海自贸区国际转口贸易功能提升研究》，《国际商务研究》2022年第2期。
② 温韧、黄丙志、解涛：《海关支持和服务上海自贸试验区发展转口贸易研究》，《科学发展》2021年第12期。

主的开放转向以规则和制度性为主的开放，是更深层次、更全面、更公平，也更加具有包容性的开放。所以，推进在上合示范区建立高标准的投资贸易便利化、自由化的机制，保障其他上合组织成员国的外商投资的合法权益，不论内、外资，大、中、小、微企业，形成各类市场主体一视同仁、公平竞争的经营环境。

在推进投资贸易便利化进程中，上合示范区开发了"上合银关通"贸易便利化产品，创新关税多元担保模式，为企业提供零成本的"先放后缴，汇总纳税"便利服务。上合示范区与当地海关共同建设"上合组织国家原产地证审签中心"，免费为外贸企业审签发放原产地证。上合示范区还与阿里巴巴合作，建设世界电子贸易平台（eWTP）的公共服务平台上合特色服务专区，为企业提供通关便利。

案例 12

建设电子通关平台，探索面向上合组织国家的通关便利新路径

上合示范区肩负着打造"一带一路"国际合作新平台、加强中国同上合组织国家互联互通，着力推动东西双向互济、陆海内外联动的开放格局的重要使命。那么如何做出示范区特色，如何打造示范区品牌，如何突出示范区优势便成了难题。针对这些难点，上合示范区管委会与宁波国际物流发展股份有限公司（以下简称"宁波国际物流"）从专业角度出发，以物流—

通关—贸易—金融—数字经济的路径进行开展，同时以物流通路、政策创新为切入点，创造基础条件，通过适量的政府补贴政策，引流贸易，延伸金融，立足山东，对接长三角，延伸华中、华北、西北，量身打造一个概念有创新、政策有突破、业务有特色、项目有价值、落地有速度、未来有宽度的项目——"上合示范区跨境贸易服务中心"。

一　创新做法

（一）物流新通道。结合上合示范区现实情况，发挥青岛的物流区位优势和海港条件，以俄罗斯为核心节点，重点打造"跨境海铁联运新通道"，辅以跨境中欧班列、跨境空铁联运等其他物流通道，建设一个海、陆、空立体化的多式联运通道，建立中国和上合组织国家的物流干线通道。

（二）通关新模式。根据海关总署发布的"跨境电商B2B出口监管方案"（送审稿），中俄海关"绿色通道"中增列了"9710"和"9810"两个海关监管方式代码，并对中俄海关"绿色通道"合作项目进行了介绍。跨境贸易服务中心将结合上述通关新模式为上合示范区企业提供一站式的通关服务平台，包含政务和商务两方面，实现政企数据互联，既方便企业关于注册、备案、申报、实操等操作，也满足监管部门的监管需求。

（三）贸易新业态。据亚马逊数据预测，至2022年，跨境电商出口将占到出口总量的47%，主要因素是传统一般贸易订单小额化、碎片化趋势明显，而跨境电商因为相对利润高、适应小额多批、入行门槛低等优势,增长极为迅速,其中适应一般贸易和跨境电商融合的B2B2C模式将是未来跨境电商出口的最主要方式。

(四)结算新通路。由于受到美国的货币以及经济制裁,俄罗斯买家卖家的美元流动全部受到美方的监控,出现交易不及时,以及限制交易的问题。因此在中俄贸易上,会有大量的地下货币交易。与此同时,中央一直在积极推动"一带一路"人民币结算。针对上述痛点,可通过金融科技手段,基于数字化跨境贸易场景,建设跨境贸易人民币清结算平台,打造上合组织跨境贸易人民币定价结算中心。

(五)产业新生态。通过跨境贸易服务中心的建设,以此为纽带,将贸易链条中的各类资源、服务集聚后进行有机融合,提升服务能力,实现产业互联和政企互动,促进上合示范区经济健康有力发展。

二 创新效果

(一)全面提升上合示范区贸易额。在项目落实、全面投产1年内,达到一定的指标,让效益通过数字直观体现出来,其中集装箱量达到1万箱,贸易额达到10亿元人民币。

(二)丰富上合示范区服务体系,增强品牌溢价。发挥沿海港口的地理优势,开展海铁联运等多种运输方式,在中国—俄罗斯—中亚之间建立海陆大通道、物流新干线,实现物流运输业务的自动化管理,为跨境贸易与合作的繁荣发展带来了更多可能。同时建立跨境贸易融合创新示范区和清结算中心、金融集聚区,规范管理，完善传统与新兴金融机构服务体系，丰富金融业态，突出金融双向合作交流，盘活金融要素，提升特色金融竞争力。

（三）创新上合示范区核心服务能力，提升竞争力。通过跨境贸易服务中心项目搭建贸易综合服务体系，在政策层面和商业层面实现创新、突破，包括强大的物流服务能力，具有优势的关税政策，多维度的业务类型（B2B/B2C/B2B2C），全方位提升上合示范区核心竞争力。

《上海合作组织成立20年贸易发展报告》发布了上合贸易指数，并评估了中国与上合组织国家贸易发展情况和发展潜力，提出要加快构建指数分析应用平台。[①] 积极搭建中国—上海合作组织公共检测交流服务平台，吸引国内外知名检验检测机构入驻。推动口岸通关模式改革创新，加强与上合组织国家和"一带一路"沿线国家相关城市开展通关、贸易、物流等信息互换共享。开发创新金融服务产品，提高贸易融资便利化水平。打造"上合银关通"贸易便利化品牌，创新关税多元担保模式，为企业提供"先放后缴，汇总纳税"的便利服务。2021年在上合示范区设立原产地证书审签中心，提高跨境电商出口退税时效，推动监管代码9710和9810出口增值税无票免征及所得税核

---

① 2022年2月16日，《上海合作组织成立20年贸易发展报告》在位于青岛胶州市的上合国际贸易中心发布。报告统计数据显示，上合组织成员国贸易总值20年间增长近100倍，占全球贸易总值的比重从2001年的5.4%增长至2020年的17.5%，上合组织成员国全球贸易影响力持续增强。

定征收政策落地。①

案例 13

建设上合示范区原产地审签中心

上合示范区原产地证书审签中心通过叠加上合示范区平台、资金与海关智能、技术优势，打造成为综合政务服务体系。胶州海关入驻上合服务中心，负责青岛关区对俄罗斯、哈萨克斯坦等上合成员国普惠制，对印度亚太贸易协定和中国—巴基斯坦自贸协定项下出口货物原产地证书的电子信息审核。负责胶州市辖区企业纸质原产地证书签发、原产地证书自助打印及智能审核实施以及原产地备案企业年度监督管理检查。负责胶州海关辖区经核准出口商的初审工作，指导企业按照自贸协定规定的格式出具原产地声明。积极提供相关政策推介与业务咨询服务。在企业申报出口原产地签证前，为企业提供前置的原产地确定和适用税率确定服务，帮助企业规避风险，确保企业从低适用税率，节约进出口成本。

4. 双向投资贸易促进机制

建立双向投资贸易促进机制，是推动上合示范区经贸畅通发展的重要举措。上合示范区的双向投资贸易促进机制包括建立双向投资贸易信息中心等服务平

---

① 监管代码"9810"是跨境电子商务出口海外仓，监管代码"9710"是跨境电商 B2B 直接出口。

台，定期举行城市工商界经贸合作发展论坛等推介活动。以双向投资贸易促进国际经贸合作是当前中国实现经济由高速发展向高质量发展转变的主要方式，在上合示范区促进双向投资贸易也可以在"走出去""引进来"并重的投资策略下实现，从而使中国对上合组织国家的经贸水平不断提升，逐步实现上合组织国家的经济发展与技术进步。

积极推进上合示范区双向投资贸易促进机制形成的做法如下：首先，要推动优质项目"引进来"，目前，上合组织国家在上合示范区投资中哈模块化建筑等项目 10 个，注册资本 2 亿美元。① 其次，推动优质企业"走出去"，这有利于打通经济的外循环，以此加强上合示范区国家之间的经贸联系。再次，推动上合组织国家地方投资合作走深走实。例如，2021 年 4 月，聘任上合示范区首批"招商大使"。开展"友城合作，共创未来"系列活动，2021 年已与俄罗斯圣彼得堡市、俄罗斯彼尔姆边疆区、俄罗斯库尔斯克州、勘察加州、特维尔州和梁赞州、阿富汗喀布尔等地开展近 30 场经贸对接活动。最后，推动双向投资合作，开展境外园区投资试点，特别是探索以政府平台公司资本直接入股境外园区主导的企业模式。

（三）金融创新服务平台

上合示范区要积极引进银行、保险、证券、基金

---

① 数据来自上合示范区管委会。

等金融机构落户。鼓励引导金融机构针对企业需求提供特色化、个性化金融服务，包括引进功能性金融机构区域运营总部、分支机构或事业部。积极争取上合地方合作银行、跨境人民币业务创新等工作取得突破。加大对物流、贸易等领域财政支持力度，积极争取省市共同设立上合产业发展基金，加强与中俄能源基金合作，吸引涉俄优质产业在上合示范区的布局。积极争取在上合示范区开展本外币合一银行账户体系试点。例如，2021年建成投用的"信用上合"跨境征信服务平台，有力推动支持了上合示范区开展合格境内有限合伙人（QDLP）业务试点，吸引金融、产业资源集聚，促进金融业开放发展。

案例14

搭建"信用上合"跨境信用示范平台

上合示范区支持格兰德信用管理咨询公司以其跨境征信数据库为基础，共同打造"信用上合"跨境信用示范平台，强调创新性、时效性、便捷性，突出服务国家战略，为上合组织国家双多边贸易提供征信服务，便利贸易交流，积极推动高水平开放。

一　创新做法

（一）上线公益查询平台。首创中英俄三语种中国企业信用信息查询平台，累计已提供1万余次公益查询服务。整合跨境征信数据。现已汇集了216个国家和地区的3亿+企业征信数据，其中95个国家的企业信用报告可以实现在线实时查询。

（二）建立跨境信用组织。筹建上合及"一带一路"沿线国家的跨境信用组织，格兰德作为发起单位，已完成该组织在香港的注册，计划在上合示范区设立办事处。打造海外获客工具"找客户"。该产品旨在帮助中小型外贸企业，高效、便捷地获取"目标国家+HS编码商品"的采购商信息，首期上线针对俄罗斯买家的查询服务，涵盖俄罗斯进口品类9961个，生成总报告套数11512份。探索"信保+担保+征信"融资服务模式。

（三）创新金融产品。已联合青岛银行、青岛城乡融资担保、中信保签署合作协议2份，授信3笔，利用跨境征信数据成功放贷2笔；创新"银征担"融资产品，针对小微客户流动资金需求，已联合青岛银行、山东省担保，签署合作协议1份，授信5笔，落地2笔。

二 创新效果

"信用上合"的搭建切实解决企业贸易投资增长中遇到的市场拓展、风险管控、贸易融资等难题，充分体现了上合示范区先行先试善作善成的引领作用，下一步示范区将落实落地全方位、大力度、高层次的制度创新工作，通过创新信用经济发展模式，助力国际社会信用体系建设向更高层次发展，以信用连接上合组织国家及"一带一路"沿线国家，共同推进地方经贸投资合作的绿色、稳健、可持续发展，共创信用未来。

大力支持金融创新业务在上合示范区试点，积极引进传统金融企业、金融科技企业和绿色金融产业落户上合示范区。鼓励金融机构为实体经济提供特色化、个性化金融产品。整合金融资源，组建金融投资公司，做大做强金融产业，加强金融机构与企业黏性，实现资本带动效能。积极引进对冲基金、外资财富管理机构、风险投资、私募股权投资、天使投资等各类金融企业落地上合示范区。[1]

此外，上合示范区还挂牌成立了金融服务中心，并与国开行、青岛银行等24家金融机构签订战略合作协议。青岛农商银行与巴基斯坦哈比银行签署战略合作协议。中俄能源基金等总规模200多亿元的54只基金落地。[2] 山东港信成为1997年以来全国首个获准设立的国内期货公司，填补了青岛市没有法人期货公司的空白。

（四）地方与城市合作平台

1. 上合组织地方经贸合作青岛论坛

山东省政府和中国贸易促进会举办了上合组织地方经贸合作青岛论坛暨上合组织国际投资贸易博览会，并逐步将其打造成具有国际影响力的重要展会，以此大力支持企业参加上合组织国家和"一带一路"沿线

---

[1] 中国—上海合作组织地方经贸合作示范区、国家高端智库·综合开发研究院（中国·深圳）：《中国—上海合作组织地方经贸合作示范区"十四五"规划和二〇三五年远景目标纲要》，2021年9月。

[2] 数据来自青岛市商务局、上合示范区管委会。

国家重点展会，拓展新兴市场范围。

借助青岛论坛的合作机遇，可以切实推动"双招双引"工作。一是积极对接青岛论坛组委会，获取国内外参会企业、机构名单和投资合作意向，组织企业报名参加博览会的各项活动，推动项目对接洽谈。二是发挥青岛市作为上合示范区基地的经贸优势，加强与上合组织国家地方城市的经贸洽谈与产能合作。

2021年举办的上海合作组织国际投资贸易博览会暨上海合作组织地方经贸合作青岛论坛，共吸引了线下442家、线上1500余家企业参展，达成采购交易额3亿元，意向采购额20亿元。[①] 未来还将举办面向"一带一路"沿线国家的经贸合作青岛论坛，为合作区中小企业与沿线国家对接搭建展示、交易、合作、交流的平台。[②]

2. 上合组织城市合作联盟

在上合组织国家旅游城市合作机制的基础上，建议成立上合组织城市合作联盟。这将为推进青岛市与上合组织国家间城市交流向更高水平迈进奠定坚实的基础，上合组织城市合作联盟将有效提升上合示范区在加强上合组织国家之间经贸联系的重要性。

在上合组织城市合作联盟的推动下，上合示范区通过开展"友城合作，共创未来"系列活动，力争未

---

① 数据来自上合示范区管委会。
② 中国—上海合作组织地方经贸合作示范区、国家高端智库·综合开发研究院（中国·深圳）：《中国—上海合作组织地方经贸合作示范区"十四五"规划和二〇三五年远景目标纲要》，2021年9月。

来实现上合组织成员国均有友好城市或友好合作关系城市的格局。通过搭建与上合组织国家商协会交流合作平台，加速上合元素资源、项目、产业向上合示范区聚集。未来，特别是待全球新冠肺炎疫情稳定之后，积极开展"一带一路"沿线国家月月行经贸活动，举办双向投资贸易推介活动。上合示范区将继续探索建立上合组织国家地方经贸合作交流机制，实现联络、信息沟通制度化。

案例 15

基于友城合作的新型地方经贸合作机制

2021年，上合示范区创造性启动了"友城合作，共创未来"对外交流系列品牌活动，充分利用山东省青岛市在上合组织国家成熟的友城渠道，广泛开展地区间经贸交流，搭建起基于友城合作的新型地方经贸合作机制，进一步密切了上合示范区与上合组织国家友好城市和园区的交流互动，打造了富有上合元素的国际地方合作新平台，取得了良好成效。截至2021年，上合示范区与相关城市和园区共举办30多场"友城合作，共创未来"系列活动，与来自俄罗斯、哈萨克斯坦、吉尔吉斯斯坦等9个国家的24个城市和园区进行了交流对接，活动内容涵盖物流、贸易、投资、科技等多个主题，与上合示范区四大中心建设任务相结合，在充分发挥原有友城资源的同时，积极开拓新的友城渠道，实现了更广领域、更深程度和更高层次的友城合作。

一 创新做法

(一) 高起点站位,积极融入省市对外开放大局。上合示范区以园区为起点,全面助力山东省青岛市与上合组织国家友好交流总体活动安排。一是积极参与同原有友好关系城市的务实合作,参加圣彼得堡国际经济论坛、喀山数字周等友城举办的重大国际活动,在国际舞台发出"上合声音",并通过彼尔姆、圣彼得堡、鞑靼斯坦共和国等地区的联系,实现了对俄地方合作新突破。二是开拓新的友好交流渠道,协助青岛与吉尔吉斯斯坦比什凯克、哈萨克斯坦阿克套、巴基斯坦费萨拉巴德、阿塞拜疆甘贾对接并探讨结好事宜,促成青岛市与巴基斯坦费萨拉巴德市、斯里兰卡康提市正式建立友好合作城市关系,扩大了青岛在上合组织地区"朋友圈"。

(二) 多形式对接,构建立体式友城交往体系。上合示范区克服新冠肺炎疫情的不利影响,丰富交流合作形式,线上对接与线下洽谈相结合,跨越了时空障碍,搭建起全方位、立体式的友城对接交流体系。从举办形式上来看,既有中国—葡语国家经贸合作交流对话会这样的纯线下活动,又有圣彼得堡国际经济论坛视频交流会这样的纯线上活动,但更多的活动采用的是像中国青岛与俄罗斯彼尔姆边疆区经贸合作对话会这样将线下参会与线上交流相结合的方式,互动更高效。从参加人员来看,既有中外友好城市领导,又有外国驻华使节、中国驻外使节,更引入大量企业进行了推介对接，受众更广泛。从活动地点上来看，中国国内先后在北京、青岛、胶州、上合示范区举行，国外的对接伙伴更是遍布欧亚，渠道更多元。

（三）深层次交往，坚持以地方经贸合作为中心。在活动组织过程中，上合示范区时刻以推动地方经贸合作为工作出发点，对活动流程、与会人员进行精心设计，坚持"以活动举办为起点，以项目落地为目标"，形成了"会前国别调研、会中企业对接、会后服务落地"的工作链路，在推进项目落地、服务示范区经济发展方面取得明显成效。

二 创新效果

（一）拓展了友城合作渠道。依托"友城合作，共创未来"系列活动交流平台，上合示范区已与包括哈萨克斯坦、巴基斯坦、俄罗斯、塔吉克斯坦、白俄罗斯、尼泊尔、斯里兰卡、德国、日本9个国家，以及与俄罗斯圣彼得堡市、彼尔姆边疆区、特维尔州，塔吉克斯坦杜尚别市，白俄罗斯奥尔沙市，德国杜伊斯堡市，斯里兰卡科伦坡港口城等24个城市和园区进行了对接交流。最终促成青岛市与巴基斯坦费萨拉巴德市、斯里兰卡康提市签订建立友好合作城市关系协议，上合示范区与俄罗斯阿拉布加经济特区、俄联邦主体"西伯利亚协定"地区间经济合作协会、俄中商务园、塔吉克斯坦库洛布和彭知自由经济区、巴基斯坦伊克巴尔工业园区签署6项合作备忘录。合作对象囊括上合组织成员国、观察员国、对话伙伴国全部，并积极向"一带一路"沿线国家、亚欧大陆桥主要节点城市拓展，扩大了上合示范区的国际影响力，极大助推了与上合组织国家、"一带一路"沿线国家在物流、经贸、投资、文化等领域的交流合作。"友城合作，共创未来"系列活动已走出园区，上升为青岛市对外交流合作的一张闪亮的名片。

（二）落地了务实合作项目。"友城合作，共创未来"系列活动中共进行专项推介60余次，线上线下参与人数500余人，交流主题涵盖物流、贸易、金融、科技等多领域，达成各领域合作意向30余项。在物流方面，促成中国最大白俄罗斯乳制品进口商白卡门落户上合示范区，并于10月11日顺利推动满载白俄罗斯进口乳制品的中欧回程班列（"齐鲁号"）抵达上合示范区多式联运中心，将上合组织国家优质食品引入中国市场；在贸易方面，促成白俄罗斯克里尼察股份公司与青岛西优西美国际贸易有限公司就酒类产品进口达成合作，通过上合示范区将白俄罗斯啤酒销往全中国。在投资方面，与巴基斯坦拉沙卡伊特别经济区、巴基斯坦费萨拉巴德工商联合会进行对接，就中巴产业合作、推动"两国双园"国际产业合作方面达成合作意向。在商旅文化交流方面，促成尼泊尔传统手工艺展在上合示范区开幕，密切了与尼泊尔的人文交流，为中尼建交65周年献礼。在海洋科技方面，举办首届"中俄青年创新创业与创意大赛"系列活动，吸引人才技术和优质项目落地上合示范区。

（三）吸引了各界广泛关注。"友城合作，共创未来"系列活动得到国内外政府机构、工商界和新闻媒体的广泛关注。国外高层参与程度高，先后有上合组织副秘书长张海舟、塔吉克斯坦驻华大使萨义德佐达、吉尔吉斯斯坦驻华大使巴克特古洛娃、白俄罗斯驻华大使先科、斯里兰卡驻华大使科霍纳、俄罗斯勘察加州州长索洛多夫、俄罗斯彼尔姆边疆区副州长奇比索夫、乌兹别克斯坦吉扎克市市长哈姆拉多夫、俄罗斯国家电视台副总编康德拉绍夫、俄罗斯驻华使馆商务处参赞林尼克等重要外国领导参与其中，国内层面也有山东省、青岛市、上合示范区各级领导，以及中国驻巴基斯坦、斯里兰卡等国大使积极参与相关活动。新华社、大众日报、山东广播电视台、青岛电视台等媒体多次采访报道。

（五）国际园区建设服务平台

国际园区建设服务平台将有效推动产业资源在海外园区与上合示范区之间双向流动、双园互动、双区联动。目前，上合示范区企业对上合组织国家投资项目共10个，协议投资额3.4亿美元。上合示范区不仅要强化与自贸试验区、新旧动能转换综合试验区、胶东经济圈一体化协同发展，还要加强国际园区建设服务平台的功能。国际园区建设服务平台能提供境外经贸合作区在园区管理、信息共享、产业对接和人员交流等环节的配套服务。上合示范区大力推动双园互动发展，加强与中白工业园、中塔工业园等友好园区投资合作，开展产业配套合作，实现优势资源要素集聚。

以此推进"一带一路"(青岛)中小企业合作区建设,从土地利用、人才引进、产业发展、财政税收等方面制定政策措施。预计到2023年底,培育"专精特新"小巨人企业不少于10家,小升规企业不少于50家。[①]

案例16

白俄罗斯中白工业园—中国上合示范区,双区联动运行新模式

根据《中国—上海合作组织地方经贸合作示范区建设总体方案》第12条"推进国际园区互动合作","加强与上合组织国家现有境外经贸合作区在园区管理、信息共享、产业对接、人员交流等方面的合作,实现资源和生产要素在境内外园区间双向流动,推动双园互动发展"工作要求,创新工作机制,主导开展上合示范区与中白工业园双区联动运行新模式,推动企业双向投资经贸交流。

中白工业园占地面积约112平方千米,是目前中国参与投资开发的规划面积最大、开发建设规模最大、合作层次最高的海外经贸合作区,也是欧洲最大的工业开发区,由中国和白俄罗斯两国元首亲自倡导,两国政府大力支持推动,致力于将园区打造成一座产城融合,集生态、宜居、兴业、活力、创新五位一体的国际产业新城。中白工业园正在努力打造成丝绸之路经济带上的明珠和中白两国双方互利合作的典范,上

---

① 数据来自上合示范区推进实施领导小组。

合示范区区位优势明显、产业方向明确，发展势头良好，上合示范区与中白工业园发展规划高度契合，双区在现代化园区建设、国际物流、人员交流等方面强强联合，共同打造"一带一路"国际合作新平台。

一 创新做法

（一）举办"中国—白俄罗斯经贸合作对话会"活动，与中白工业园就互设子园区、资源优势互补、项目互推等方面进行交流探讨。

（二）协助中国最大白俄乳制品进口商、中白工业园园区企业白卡门在上合示范区完成新公司工商注册，未来白卡门将通过上合示范区注册公司实现在中白工业园投资700万美元建设乳制品研发、生产、销售基地。项目在双园间互动交流，双园实现有效互动。

二 创新效果

（一）中白经贸对话会促成双方企业签署了两份协议：青岛西优西美国际贸易有限公司与克里尼察股份公司签署供货合同，向中国市场提供酒类产品长期合作。目前双方首单3货柜啤酒（货值30万—50万元人民币）于2021年8月8日通过海运运抵青岛，目前货物已到岸进入销售环节。青岛国际交流中心与共和国创业联盟签署关于成立中白贸易、投资和文教关系发展支持中心的谅解备忘录。目前双方已进行过几轮对接，计划在上合示范区成立中白中心，以该中心为平台发展中白货运直航包机、银行业务合作及贸易合作。目前双方仍在就该中心的落地可行性进行沟通。

（二）中国最大白俄乳制品进口商、中白工业园园区企业白卡门在上合示范区完成工商注册，成为上合示范区企业。白卡门将通过上合示范区平台完成对外投资，且在项目初期拟利用白俄原料在上合示范区建设临时生产基地，待中白工业园工厂完成建设后进行生产基地的搬迁或联合生产。中欧班列（"齐鲁号"）回程班列自白俄罗斯若季诺车站发出，专列由46节标准集装箱组成，其中包含白卡门32柜1100余吨乳清粉、脱脂奶粉等乳制品，并已于2021年10月12日抵达上合示范区多式联运中心，双园实现了有效互动。

在国际园区的具体项目建设上，上合示范区要不断探索以政府平台公司资本直接入股境外园区主导企业的模式。例如，上合示范区大力促进了海尔—俄罗斯鞑靼工业园、海尔—鲁巴经济区、柬埔寨桔井省经济特区等境外园区建设与发展。积极推动了中启胶建集团在柬埔寨、道恩高分子新材料在俄罗斯、青岛璐印在巴基斯坦的境外园区项目建设。

在推进上合示范区国际园区建设的同时，要进一步加快"一带一路"（青岛）中小企业合作区建设。2020年11月18日，工信部批准在上合示范区设立"一带一路"（青岛）中小企业合作区（含胶东临空经济示范区）。目前，已研究出台"一带一路"（青岛）中小企业合作区建设实质性推进落实方案（2021—2025年）。以上合示范区现有产业为基础，布局国际物流、智能家居、装备制造、生物医药、数字经济五个园区。力争到2023年，合作区建设初见成效，与

"一带一路"沿线国家和地区双向投资额达5亿美元，外商投资企业或机构达到60—80家。①

（六）文化和教育交流合作平台

1. 文化交流平台

在文化交流方面，上合示范区开展了上合组织成立20周年系列活动。例如，举办了"塔吉克斯坦日"活动，开展经贸、人文交流并与塔吉克斯坦五个工业园区签订友好合作协议。根据巴基斯坦大使馆建议，积极参与中巴建交70周年系列活动。开展"国际友人@Jiaodong"文旅交流、上合之夏啤酒嘉年华、上合国际象棋、马拉松等特色活动，力争上合组织国家人文活动超过10场，上合组织国家到上合示范区来访人员超过300人。②

在体育赛事方面，积极开展与上合组织国家城市间的竞技体育赛事，例如打造帆船、赛艇等体育项目。联合上合组织国家和"一带一路"沿线国家涉海文体机构，定期举办上合海洋文化主题活动。③

在旅游交流和培训展示方面，加强上合组织国家重点旅游城市合作，开发观光度假、专题游览、颐养健康和生态休闲等现代旅游项目，以及开展上合组织

---

① 数据来自上合示范区管委会。
② 数据来自上合示范区管委会。
③ 中国—上海合作组织地方经贸合作示范区、国家高端智库·综合开发研究院（中国·深圳）：《中国—上海合作组织地方经贸合作示范区"十四五"规划和二〇三五年远景目标纲要》，2021年9月。

国家城市形象大使、民间传统文化、影视文化艺术和媒体等领域的交流合作。在胶东国际机场建设城市旅游服务中心，结合青岛—澳门直航航线开发相应旅游产品。推动上合国际交流培训中心、上合组织青年创新创业中心、巴基斯坦中国中心等文旅载体建设。开展双向旅游宣传推广活动，筹划建立上合组织国家旅游城市协调机制。举办上合组织国家国际象棋比赛，举办中巴书画展等"走进上合"系列活动20场次以上。启用中医药展厅，推进中医药项目建设，加强与上合组织及"一带一路"沿线国家中医药交流合作。拓展地方特色餐饮、民间传统文化交流。组织上合组织及"一带一路"沿线国家国际友人开展文旅活动。举办"相约上合"双语大赛，促进俄语、英语等翻译人才的培养。

2. 教育和智库合作机制

推动教育和智库合作是建设上合示范区的文化基石。未来，上合示范区要积极推动与上合组织国家开展教育领域合作，开展多种形式中外合作办学的模式。例如，鼓励中国石油大学（华东）、青岛大学等驻青岛的高校与上合组织国家高校开展学术交流活动。推动上合示范区与哈尔滨工业大学在科技成果产业化、人才引进、联合办学、国际科技交流等领域的深入合作。推进青岛电子学校尼泊尔分校建设，鼓励辖区内职业院校建设国际经贸人才培训基地，承接伙伴城市来华职业技能培训。上合示范区与山东外贸职业学院等机构开展合作,承办面向上合组织国家的援外培训项目。推动胶州职业教育中心学校开展国际职业教育合作。争取国家援外培训资质和针对上合组织及"一带一路"沿线国家的援外培训项目支持。为外籍人员出入境、办理签证、申请居留提供便利。

加快落实中国—上海合作组织经贸学院建设。在成立中国—上海合作组织经贸学院筹备工作委员会的条件下,顶格统筹推进工作,择机挂牌成立,密切与上合组织国家重点高校教育合作,打造开放性人才培养教育合作平台,助力多边经贸合作发展。短期要依托在青岛的高校资源开展经贸培训、学位教育和援外培训。在推进青岛大学上合校区建设的基础上,按照教育部程序申办独立法人的高校,将上合经贸学院打造成培养上合国家商界精英的高水平、专业性、国际化的教育培训合作平台。中远期要突出高级人才培养,高端智库双边和多边机制建设,联合科研攻关、经贸合作交流,申办具有独立法人资格的高水平大学。

案例 17

建设上合经贸学院,创新上合组织国家地方经贸人才培养新模式

2021年9月17日,习近平主席在上海合作组织成员国元首理事会第二十一次会议上宣布,"中方将设立中国—上海合作组织经贸学院,助力本组织多边经贸合作发展"。9月18日,商务部明确,将依托中国—

上海合作组织地方经贸合作示范区设立中国—上海合作组织经贸学院。

一 创新做法

借鉴中欧国际工商学院（上海）、深圳北理莫斯科大学、南方科技大学等学院办学模式，明确上合经贸学院建设定位，即秉持"上海精神"，承担国家使命，面向上合组织和"一带一路"沿线国家，突出国际化、市场化、创新性办学特色，着力建设"经贸+学科体系"，培养熟悉上合组织国家国情、通晓国际规则、服务"一带一路"建设的创新型经贸人才和商业精英，打造专业化多元化人才培养平台、"中国+上合组织国家"高端国际智库平台、畅通高效的经贸合作和交流平台，建设具有上合特色和国际影响力的高水平经贸大学，助力多边经贸发展。学院以青岛大学为实施主体，设立上合经贸学院理事会，实行理事会领导下的院长负责制。

（一）培训为主，择机挂牌。由青岛大学组织实施教育教学管理，利用上合示范区过渡期教学点，依托在青高校资源开展经贸培训、学位教育和援外培训。按照边培训、边筹建、边争取、边申报的思路，2021年2月起，依托现有办学资源，线上线下共开展援外培训和经贸培训18个班次，来自41个国家的1269人次参加培训，其中线上542人次、线下727人次。计划年内继续开展8个班次培训工作。

（二）省部协作、加快建设。在省委、省政府领导和国家有关部委指导下，加快上合经贸学院建设。将上合经贸学院和青岛大学上合校区建设纳入上合示范区总体规划，一体推进，同步建设。突出高级人才培养、高端智库建设、联合科研攻关、经贸合作交流，打造国际化经贸合作和交流平台。协调外交部、商务部、农业农村部、国家国际发展合作署等，争取援外培训资质，由上合经贸学院承办国家扶贫培训、援外培训班次。

（三）完善体制、申办大学。提升教育教学质量和经贸学科学术研究水平，建设一支国际化高水平师资队伍，扩大国际影响，助力上合组织和"一带一路"沿线国家高端经贸往来。根据办学规模、国际影响力和开展培训情况，按照教育部有关程序规定，申办独立法人高校，将学院建设成为培养上合组织国家经贸人才的国际化高水平大学。

二 创新效果

（一）争取省市区三级共建，学院建设工作实现了高起点规划、高标准建设。

（二）面向经贸、物流、跨境电商、农业等方向开设专业，为上合组织国家和"一带一路"沿线国家重点产业发展提供高素质技术技能人才支撑。共建上合培训平台，紧密对接需求，合作开展高技能人才培训，服务上合组织国家以及中国企业"走出去"。

（三）打造成与上合组织国家和"一带一路"沿线国家开展科学研究、成果转化、智库建设等方面合作的开放式平台。

（四）与阿里教育合作开展跨境电商培训孵化项目，打造全产业链教培新模式。

六　上合示范区建设的保障措施

为进一步推进上合示范区建设，打造"一带一路"国际合作新平台，必须以《中国—上海合作组织地方经贸合作示范区建设总体方案》为指引，更好发挥青岛市在"一带一路"新亚欧大陆桥经济走廊建设和海上合作中的作用，采取有针对性的保障措施。

（一）全面加强党的领导，顶格协调推进

上合示范区建设要以习近平新时代中国特色社会主义思想为指导，全面贯彻党的十九大和十九届二中、三中、四中、五中、六中全会精神，不断提高对建设上合示范区重大意义的认识，努力实现习近平总书记提出创办上合示范区的重大战略构想。

上合示范区建设要积极践行以和平合作、开放包容、互学互鉴、互利共赢为核心的丝路精神，努力打造"一带一路"国际合作新平台。"一带一路"倡议顺应了时代要求和各国加快发展的愿望，提供了一个包容性巨大的发展平台，具有深厚历史渊源和人文基

础，能够把上合示范区同上合组织成员国的发展有机结合起来。

上合示范区建设要建立顶格协调推进机制，强化推进上合示范区建设领导小组统筹指导，研究并协调解决重大问题和重点事项。完善覆盖部门、区市、企业等各方面的协调推进机制，加强与各部门的联系协作，积极发挥各方参与支持上合示范区建设的作用。加强上下内外联动，及时沟通信息、交流情况、研究问题，形成整体合力。推进实施领导小组办公室根据规划制定年度工作要点，各项建设推进组根据职责分工，加强配合协调，推进本领域工作组织实施。

（二）全面提升战略定位，发挥青岛区位优势

为了将上合示范区打造成有吸引力的"一带一路"国际合作平台，必须提升上合示范区的战略定位，并将上合示范区建设与青岛发展战略有机结合，充分发挥青岛在"一带一路"中的区位优势。

首先，将上合示范区提升为国家级示范区。当前上合示范区与胶州经济技术开发区在地域和组织机构上存在大范围重叠，导致上合示范区的发展方向和自身特色不够鲜明，后续发展以及相关政策创新和试点可能受到限制。建议将上合示范区的范围由胶州经济技术开发区扩展到整个青岛市，依托青岛市及青岛自贸区等机制，进一步扩大上合示范区的影响力、提高上合示范区集聚资源的能力。

其次，将国内上合组织相关活动整合到青岛。自上海合作组织青岛峰会后，中国主办承办的上合组织活动根据不同主题遍布多个省份，提升了主办城市的国际知名度。但这也造成了上合组织合作缺乏枢纽城市，合作机制建设滞后的问题。建议将上合组织相关活动集聚青岛，将青岛逐渐打造成中国和上合组织国家合作中心城市，并加快相关合作机制的落地。

最后，把青岛打造成中欧班列集结中心，解决中心站的积压问题。支持上合示范区申建开展第二批国家级中欧班列集结中心示范工程；国铁集团增加上合示范区班列计划，推动设立"一带一路"及东盟物流集散中心，申建进口粮食、肉类口岸。

（三）健全工作体制机制，推动制度创新

2019年12月，山东省委机构编制委员会批复同意设立上合示范区党工委、管委会，与胶州经济技术开发区党工委、管委会"一个机构、两块牌子"。2020年3月，上合示范区党工委、管委会成立。同年8月，按照山东省、青岛市统一部署，上合示范区启动功能区改革。

2022年6月，按照"上合策源、临空支持、胶州托底"理念，胶州市统筹上合示范区、青岛胶东临空经济示范区、胶州三方资源深度融合、一体发展，成立现代化上合新区建设推进委员会。上合新区建设推进委员会下设综合协调、产业发展、规划建设、社会

事务、宣传推介、党建引领六个专班，按照行政一体运转、干部一体使用、考核一体评价、政务一体服务"四个一"机制，握指成拳、聚力攻坚，推动上合新区高质量发展。6月13日，现代化上合新区建设推进委员会130名专班工作人员正式进驻上合服务中心。

上合示范区管委主要承担落实发展规划等职能，探索体制机制创新。上合示范区实施"管委会+公司"管理模式，建立精简高效的管理体制，[①] 引进专业化管理团队参与管理运营。各公司根据管委会授权负责实施上合示范区核心区开发建设，为提高公司开发建设能级，推动成立青岛市属企业青岛国投控股上合发展集团。未来，青岛国投将进一步补充核心区开发资本金、引进落地投资基金，推动企业"走出去"，通过股权投资"引进来"，吸引优质产业导入。此外，聘请上合组织及"一带一路"相关研究机构的专家学者、企业家，成立上合示范区发展专家咨询委员会，对标高标准国际经贸规则开展制度创新研究。

同时，上合示范区还积极落实"放管服"改革和省、市关于"负面清单制"放权部署要求。2020年10月以来，围绕服务"四大中心"建设，先后承接了一批富有上合特色的省级、市级行政权力事项。秉承"大胆试，自主改"的原则，对省市区行政审批事项进行了全面梳理和集成性改革，打造行政审批事项的"全流程、全链条、全周期"的"一站式"服务。

---

① 《中国—上海合作组织地方经贸合作示范区建设总体方案》，中国商务部，2019年。

2021年9月14日，上合市民服务中心正式投入使用，这标志着省级、市级以及胶州市级相关权力事项在上合示范区实现三级事项融合办理。

第一，紧扣发展目标定位，精准承接省市审批事项。为更好凝聚上合元素，集聚上合组织国家和"一带一路"沿线国家资源、人才、项目等要素，精准选取承接了54项省级权力事项和19项市级权力事项和部分胶州市级权力事项。通过承接"公司（企业）登记""融资担保公司的设立与变更审批"等权力事项，促进商事主体不断向上合示范区集聚，激发市场活力；依靠承接"外国人来华工作许可""外国企业常驻代表机构登记"等权力事项，推动资源、人员的自由流动，实现经贸合作便利化；凭借承接"建设项目用地预审""建筑业企业资质许可"等权力事项，提升政务服务便捷程度，不断优化营商环境。

第二，建设智慧市民服务中心，提升审批软硬件设施。为满足省市区三级事项融合办理需要，全面升级改造政务服务大厅，设立综合窗口和各专项窗口，引进专业化综合服务团队。根据"互联网+政务服务"改革要求，开展政务桌面云系统、监控系统、网络系统、广播系统、多媒体系统等信息化升级改造，配置综合自助办理设备，打造"智慧化"上合市民服务中心。同时在省政务服务网设立上合示范区办事专区，发布264项办理事项清单，创建网上申报、网上办理通道，推动线下受理转为线上办理，持续优化办理流程、压缩审批时限，全面推进审批事务"综合受理、一网通办"。

第三，破除事项程序壁垒，打造"一站式"政务服务。根据相关法律法规及政策文件，参考权力事项委托单位的服务指南和工作手册，结合上合示范区工作实际和申请主体需求，制定了区内事项办理的标准化流程模板，配备了专业化审批队伍，使省市区三级事项具备了可操作性，真正做到区内申请主体在家门口即可办理省市事务。目前，已开展建筑业企业安全生产许可证、建筑业企业资质许可、外国人来华工作许可等多个省市重点事项的区内办理。

（四）开展多渠道宣传推介，注重舆论引导

制定上合示范区宣传方案，形成统一话语体系，营造浓厚氛围。在做好上合示范区对外宣传工作的基础上，结合领导出访和重大国际展会、活动、赛事，形成新的宣传热点和亮点。深化与其他上合组织国家的媒体及知名智库等合作，组织主流新闻媒体赴上合组织国家采访报道，努力提升上合示范区的国际影响力。跟踪报道上合示范区建设的真实案例和合作成果，及时表彰推进上合示范区建设工作过程中涌现出的先进事迹和重大成就，树立一批创新人物、创新团队、创新项目典型，形成支持上合示范区的良好社会氛围。

加强宣传舆论引导，制定宣传工作方案，充分调动各方力量和智慧，积极参与推动上合示范区建设。用好市级主流媒体平台，加强与中央、省级主流媒体

联系，在新媒体、传统纸媒、内参刊物等平台阵地上建立良好合作关系，通过专题宣传和日常持续性报道提高上合示范区曝光率。加强与上合组织国家主要媒体合作交流，讲好上合故事，进一步提升上合示范区的国际知名度。

（五）加大协调力度，建立科学的考核体系

建议山东省领导小组服务协调办公室、实施推进办公室进一步加强工作联动，省级层面上定期调度相关部门研究推进建设，特别是应调度省直部门省政府18条措施的落实情况，会同实施推进办公室定期召开联席会议，共同研究解决需要省、市层面协调的有关问题，在政策、事项、项目等方面给予大力支持。统筹省内上合组织国家重点项目，引导和鼓励新增上合组织国家产业类重点项目落户上合示范区。为促进胶东经济圈一体化，建议省领导小组服务协调办公室牵头召集省直有关部门和胶东五市，推动胶东五市企业将计划通过欧亚班列发运的货物，集中到上合多式联运中心发运。从省级层面，主动对接相关部委，协调省级层面领导，邀请相关部委召开座谈会，研究上合示范区建设需要部省级层面协调的有关问题。

目前，上合示范区承接青岛市级以上综合性考核三项，分别是国家级经济技术开发区综合发展水平考核评价、山东省开发区综合发展水平评价考核（省综评）、青岛市功能区高质量发展综合绩效考核。后期省

对青岛市考核，拟单设对上合示范区的考核分值，届时上合示范区会同时面对四个考核"指挥棒"。"省综评"对示范区的单独考核目前分属不同处室，建议合并考核。同时在指标设置上，建议考虑上合示范区尚处于起步阶段的实际，若增量和比例指标设定幅度过大，上合示范区难以完成相应的任务。青岛市功能区考核主要围绕主导产业、亩产效益、对外开放、创新驱动、综合评价五个板块，注重产值、进出口、外资等总量考核，如仅招引上合特色项目不足以完成总量指标，间接影响到上合示范区聚焦"上合特色"抓落实。

（六）争取相关政策支持，推进落实各项工作

积极争取相关政策支持。落实省政府赋予上合示范区省级经济管理权限。上合示范区推进实施领导小组统筹推进上合示范区建设有关工作。推动设立省级上合示范区发展基金，结合国土空间规划优化上合示范区布局，开展反恐务实合作，确保上合示范区建设安全推进，研究推进上合示范区申报自由贸易试验区（港）相关工作。[①]

建议从省级层面落实解决以下事项：一是在国际物流中心方面。为确保成功申建第二批国家级中欧班列集结中心示范工程，帮助协调国铁集团增加上合示

---

① 《青岛市加快推进中国—上海合作组织地方经贸合作示范区建设实施方案》，青岛市人民政府，2020年。

范区班列计划，推动设立"一带一路"及东盟物流集散中心，申建进口粮食、肉类口岸。二是在现代贸易中心方面。在"保税油许可权下放"和"贸易类企业原油进口资质"等方面进一步加大支持力度，确保早日落地。支持上合示范区为粮食、肉类、水果等农产品的指定进口监管场地，适度放宽上合组织和"一带一路"沿线国家农副产品准入门槛；国家发展改革委、商务部等部门在粮食、棉花配额分配方面给予大力支持。三是在双向投资合作中心方面。从省级层面向上争取，参照海南自贸港、上海自贸区政策，支持上合示范区对来自上合组织国家的企业和高级人才，实行企业、个人所得税减免优惠，允许对符合条件的企业自设立之日起 5 年内减按 15% 税率征收企业所得税，允许对来自上合组织相关国家的企业高级管理人才或科技人才减按 15% 税率征收个人所得税。在设立上合地方合作银行和上合发展基金方面，恳请予以协调，自上而下推动银行获批、基金设立，并在出资方面予以支持。四是在商旅文交流发展中心方面。支持上合示范区以建设多个上合组织相关国家品牌馆为基础，设立上合组织成员国特色进口免税店，引进首批上合组织国家 20 个品类的特色商品，争取离区免税购物额度为人民币 3 万元/人。[①] 离区免税购物正式启动后，支持适时增加商品品类，进一步提高免税购物额度。

---

① 数据来自上合示范区管委会。

（七）加强社会监督，抓好责任激励

充分发挥上合组织国家和社会各界参与建设的主动性和创造性，以建设协调服务为纽带，提升群众参与度，使规划目标任务深入人心，最大限度地凝聚人民群众的智慧和力量，在上合示范区形成关心建设、自觉参与建设的浓厚氛围。用好省市级主流媒体平台，加强与中央级主流媒体联系，在新媒体、传统纸媒、内参刊物等平台上建立良好合作关系，通过专题宣传和日常持续性报道提高上合示范区曝光率。加强与上合组织国家主要媒体合作交流，讲好上合故事，进一步提升上合示范区知名度和国际影响力。完善各项建设的公众参与和民主监督机制，积极探索创新公众参与形式，拓宽公众参与渠道，健全重大事项实施情况公开机制、社会监督机制和公众评议机制，及时公开建设实施进展，主动接受社会监督，充分听取公众的意见和建议，及时查找问题、提出解决措施。[①] 建立常态化的工作进展跟踪机制，及时解决实际工作中碰到的问题，切实做到组织到位、责任到位、工作到位，推动责任激励工作顺利开展。

---

① 中国—上海合作组织地方经贸合作示范区、国家高端智库·综合开发研究院（中国·深圳）：《中国—上海合作组织地方经贸合作示范区"十四五"规划和二〇三五年远景目标纲要》，2021年9月。

七 上合示范区发展与青岛未来

就上合示范区自身发展而言,国家已就其未来发展做出了具体规划。2019年10月28日,商务部发布了《中国—上海合作组织地方经贸合作示范区建设总体方案》,提出了上合示范区近期和中远期发展目标。方案提出的近期目标是:立足与上合组织国家相关城市间交流合作,通过建设区域物流中心、现代贸易中心、双向投资合作中心和商旅文交流发展中心,打造上合组织国家面向亚太市场的"出海口",形成与上合组织国家相关城市交流合作集聚的示范区;其中远期目标是:努力把上合示范区建成与上合组织国家相关地方间双向投资贸易制度创新的试验区、企业创业兴业的聚集区、"一带一路"地方经贸合作的先行区,打造新时代对外开放新高地。

从以上商务部对上合示范区发展提出的目标看,主要是围绕商贸领域的建设目标,这当然是基于上合示范区的性质和特点提出的具体的、务实的目标,这是国家对青岛市就上合示范区建设提出的目标。当前,从时代变迁和国家发展看,我们正面临两个大变局,即世界正处于百年未有之大变局和中华民族正迎来伟大复兴之前景，这不仅对国家的发展战略规划提出很高的要求，也要求各地方发展规划和目标立意要高、格局要高，要适应时代背景和国家发展战略的要求。从国家发展崛起的大战略和青岛长远发展看，上合示范区对青岛的发展意义应不止于经贸范畴。上合示范区是中央赋予青岛发展的第一个对接世界的国际化功能定位，这对青岛今后长远发展具有重大启示性和指引性意义。青岛不仅应基于上合示范区实现"战术性"目标，而更应以此追求实现"战略性"目标。青岛具有十分重要的地理区位、发展基础、文化旅游、产业特色等优势，这种优势在中国北方乃至全国都是突出的、鲜明的。青岛应该具有更高的格局和立意，乘着国家"一带一路"建设的东风，以建设上合示范区为契机，向着将青岛打造成中国一流城市和国际化大都市的目标奋进。为此，笔者提出青岛未来发展两步走建设设想。

（一）建设上合组织合作中心城市

第一步，以建设上合示范区为起点，提升青岛建设上合示范区的目标，将青岛建设为上合组织合作中心城市。

基于上合组织发展目标和上合组织现有机构架构及其开展活动的情况，应以经贸合作为出发点，以青岛建成上合示范区为基础，加强青岛的软硬件建设，争取国家支持并与"上合组织秘书处"密切配合，逐渐将青岛打造成服务、支撑上合组织开展各种活动的基地，使青岛成为上合组织合作中心城市，以此推动青岛的国际化城市建设，使上合示范区建设成为青岛打造国际化大都市的抓手和推动力。

目前，就组织机构而言，上合组织有两个常设机构，一个是2004年1月设在中国首都北京的"上海合作组织秘书处"，另一个是2004年6月设在乌兹别克斯坦首都塔什干的"地区反恐怖机构执委会"。前者是上合组织的主要执行机构，主要功能是为本组织的活动提供协调、信息、法律和组织技术保障，推动本组织内部合作及与外部联系等。后者是地区反恐怖机构协商决策机关，主要职能是就打击"三股势力"提出建议和意见，建立反恐信息资料库，就成员国反恐演习及打击"三股势力"进行协作，以及就反恐进行交流、教育、交换信息等。需要指出，上合组织这两个主要机构是本组织的常设办公、联络、协调性机构，机构本身并不是举办各种相应活动的场所。除了这两个常设机构外，上合组织还成立了两个功能性合作组织，一个是2005年10月成立的"上海合作组织银联体"，这是上合组织框架下的投资融资合作机制和平台。另一个是2006年6月14日成立的"上海合作组织实业家委员会"，主要任务是推动成员国在经贸、金融信贷、科技、能源、交通、通信、农业等领域的合作，其秘书处设在莫斯科。除此之外，上合组织还成立了多个非政府间合作组织，如2014年5月"中国—

上海合作组织国际司法交流合作培训基地"在上海政法学院奠基揭牌，2020年10月"上海合作组织农业技术交流培训示范基地"在中国陕西省杨凌农业高新技术产业示范区揭牌，2021年2月"上海合作组织友好合作中心"在塔吉克斯坦首都杜尚别成立，2020年12月"中国—上合组织技术转移中心"正式落地青岛，2022年1月"中国—上海合作组织经贸学院"在青岛挂牌。

从以上上合组织机构设置及其多年来开展活动情况可以看出，上合组织框架内还没有一个固定的开展各种合作的场所，其开展的活动较为分散、临时，这影响了上合组织开展活动的积极性，不利于提升上合组织成员国之间的合作效率。在当前发生乌克兰危机地缘政治事件、国际安全环境发生重大变化情况下，上合组织对巩固中俄印合作、对稳定欧亚大陆局势，具有特别重要的作用和意义，上合组织提升内部凝聚力和合作水平非常必要、非常急迫。在复杂动荡的世界局势中，上合组织需要进一步发展，上合组织不仅在功能定位和作用发挥上需要提升，而且在硬件建设上需要适应时代背景和国家发展战略需要。

青岛应以建设上合示范区为契机，将自身建设成上合组织合作的中心城市，成为上合组织开展相关活动的依托基地。为此，在建设"上合组织示范区"基础上，按照上合组织合作中心城市目标制定统一规划，有计划地进行软件和基础设施等硬件建设，着力建设以下几个中心：一是上合组织商贸中心，能够举办博览会、展示会，建设合作园、信息中心等；二是上合组织培训中心，能够举办上合组织的反恐、教育、培训等活动；三是上合组织会议中心，能够承办各种会议而成为上合组织开展相关活动的依托基地；四是上合组织文化交流中心，成为上合组织的文化活动基地、影视中心、旅游中心城市。

（二）打造国际化大都市

第二步，以上合示范区为引导，将青岛打造成国际化大都市，为此提出三个建设目标。

1. 国际商贸、物流中心城市

2019年7月24日，中央全面深化改革委员会第九次会议通过了《中国—上海合作组织地方经贸合作示范区建设总体方案》。会议特别提出，在青岛建设上合示范区，旨在打造"一带一路"国际合作新平台，更好发挥青岛在"一带一路"新亚欧大陆桥经济走廊建设和海上合作中的作用，加强中国同上合组织国家互联互通，着力推动东西双向互济、陆海内外联动的开放格局。从本次会议对上合示范区的定位和期望看，青岛在国家发展战略中对外、对内的区位地位和作用特别重要，这一点主要体现在青岛对外、对内的交通运输的"双节点"价值上。一方面，对外而言青岛是连接东面的日韩与西面的"一带一路"沿线国家的新亚欧大陆的海陆交会的节点城市。同时，作为山东对外开放的桥头堡，青岛又是黄河流域九省区的经济出海口。这样，青岛连通内外两个循环中的"双节点"作用就得以突出。另一方面，对内而言，在国家构建以国内大循环为主体、国内国际双循环相互促进的新发展格局中，国内大循环必然是打通南北、东西互济的循环，以推动我国经济南北、东西的区域均衡发展。在区位上青岛既是东部沿海的发达地区又是黄河流域的经济出海口，在打通南北东西的国内大循环中，青岛对内连通的"双节点"作用也十分突出。

基于青岛的"双节点"优势和价值，为了更好打造"一带一路"国际合作新平台，发挥青岛陆海内外联动、东西双向互济的作用，在立足全国性综合交通枢纽定位的基础上，青岛应着力打造国际性综合交通枢纽。青岛是连接华北地区、东北亚、中亚和欧洲的物流、贸易枢纽，具有建设亚欧互联互通枢纽城市的独特优势。在持续深化青岛"一带一路"跨境集装箱海、铁、公多式联运示范工程和发挥青岛多式联运发展联盟作用的基础上，逐步实现欧亚地区海陆联运无缝连接和海关通关便利化，构建连接内陆辐射欧亚大陆的交通运输网络。青岛应发起交通基础设施建设攻势，推动建设亚欧地区陆海空立体交通大通道，加速构建空地一体、陆海联运、通达全球的立体交通网络，为青岛的开放发展提供重要支撑。

在"一带一路"倡议具体实施中，青岛提出要"打造东北亚国际航运枢纽、建设欧亚大通道多式联运中心"，这一定位无疑是合适和准确的。但若从更长远来看，从全球化下区域一体化发展趋势看，东亚一体化是东亚发展的未来，以其在东北亚所占据的位置和优势看，青岛应在建立航运中心、联运中心的基础上，建设国际商贸、物流中心城市，成为连接国内华北地区、东北亚通向中亚、欧洲的物流、贸易中心。为此，青岛应建设海陆联运无缝连接体系，解决体系的模式、技术和能力问题；建设完善青岛东西南北包括高铁、高速公路的高速交通网；实现海关通关便利化服务于中亚、东南亚跨境边贸；建设北方海运（日韩）、陆运（中亚、欧洲）的货贸中心。同时，推进建设"数字丝绸之路"和"冰上丝绸之路"。

2. 中日韩自贸区中心城市

在世界百年未有之大变局中，世界经济重心、文明中心的转移是其重要一环，这就是世界经济重心和文明中心正从西方（欧美）转向东方（东亚），准确地说是东北亚。东北亚是中日韩共同的家园，从人类历史发展规律特别是当代全球化和区域一体化发展趋势看，东北亚的未来在于"东北亚一体化"，即建立经济贸易、社会文化和政治安全融合的命运共同体，从而构建东北亚新的格局和秩序。这是东北亚地区性和国家间问题和矛盾得以长久解决的有效办法，是实现东北亚永久和平与繁荣的根本出路。

目前，《区域全面经济伙伴关系协定》（RCEP）已经生效并运行，未来一旦中日韩自贸区（FTA）谈判达成，可推动建设东北亚自贸区，实现地区贸易一体化。青岛在中日韩自贸区建设中独具地理和区位优势，青岛应具有超前思维、下先手棋，争取成为中日韩自贸区先行先试的试验区，进而打造成中日韩自贸区的中心城市。

青岛处在中日韩合作的中心地理位置，是中国最早与日韩开展经贸交流的城市之一，与日韩经济合作与人文交流紧密，在中日韩自贸区建设中的优势明显、地位突出。特别是山东是儒家文化发源地，东北亚的中国、日本、韩国和朝鲜拥有相同的文化基础，都深受儒家思想的滋润，具有相同或相近的价值理念和传统文化。作为离日韩最近且关系最密切的青岛具有天然的人文吸引力，应进一步发挥青岛在中日韩经贸人文合作交流中的突出作用。

为发挥在中日韩自贸区建设的地理和区位优势，进一步提升同日韩开放合作水平，青岛应加强中日韩区域主要港口合作，扩大双方的贸易规模，积极拓展以青岛为中转、内地转出口至日韩的贸易航线以及日韩货物出口东北亚的港口运输中心。

3. "一带一路"海洋中心城市

青岛依海而生、向海而兴，海洋是青岛的突出优势和特色所在。青岛拥有海洋试点国家实验室和中科院海洋大科学中心等国家级创新平台，有中国海洋大学等26所开设海洋相关专业的大学，聚集了全国近30%的涉海院士、近三分之一的部级以上涉海高端研发平台，海洋生产总值占全市经济总量的近三成。为全力打好经略海洋攻势，青岛应持续推进国际海洋产业建设，深入挖掘海洋科研、教育等资源优势，积极推进海产养殖、远洋渔业、水产品加工以及海水淡化、海洋生物制药、海洋工程技术、海洋环保等领域的国际和国内合作，突出海洋产业优势；加快建设世界一流的海洋港口、完善的现代海洋产业体系、绿色可持续的海洋生态环境，打造全球海洋产业中心。

同时，青岛美丽海滨城市的旅游资源优势和名片效应十分突出。作为一个具有深厚海洋文化底蕴的中国乃至世界著名旅游城市，青岛所具有的良好旅游品牌在国内外首屈一指，青岛应特别注重挖掘和提升其海洋明珠的旅游品牌效应，这是在众多"一带一路"沿线城市中青岛所具有的独特优势。为此，一方面应在新的历史条件下，全面审视和规划青岛旅游资源、环境、设施、服务及其定位和目标，采取有力、有效措施，全面提升青岛旅游品质；另一方面，也应注重青岛人文精神的提升。青岛人一向具有"和善、淳厚、热情"的良好形象，应通过推崇、倡导、引导的方式，进一步提升青岛的魅力城市形象。同时，通过旅游推广周、宣传月等各种推介活动，大力加强对外旅游宣传，并积极参与21世纪海上丝绸之路邮轮旅游合作等。总之，青岛应将"一带一路"倡议实施和上合示范区建设，视为再次提升青岛国际旅游城市品牌的重大机遇，将青岛打造成国际化著名旅游城市。

综上所述，青岛应发挥在历史、文化、地理、产业领域的海洋特色优势，一是将青岛打造成"一带一路"海洋产业合作中心城市：建立"一带一路"海洋产业基地，设立"一带一路"海洋产业合作中心，建设"一带一路"海洋科技创新中心。二是将青岛打造为国际海洋文化体育中心城市：建设海洋文化交流中心，比如举办海洋文化节、展览、会议论坛等；打造海洋旅游休闲中心，成为人们旅游、度假、休闲的向往之地；建设成为海上体育运动中心，举办各种海上国际比赛、培训、活动等，打造"帆船之都"。

结　语

2018年6月中国国家主席习近平首次提出建设上合示范区，2019年9月中国政府正式批复上合示范区建设方案，2020年3月上合示范区组织机构正式成立，开始实施建设上合示范区征程。在短短两年多的时间里，上合示范区建设取得了重要进展，初步显现出对青岛、国家经济发展和中国与上合组织成员国经贸合作的推动作用。当然，上合示范区建设也面临一些问题和挑战。本报告对此全面梳理，并就上合示范区今后发展建设提出了一些建议。

上合示范区是一个新的事物，在实施建设中必然会遇到新问题和新挑战，这些都应根据国际形势的发展和国家发展战略的需要，及时应对、不断探索、务实推进。尽管在前进道路上不会一帆风顺，但上合示范区建设的前景是光明的，特别是在当前及未来一段时间国际格局和局势的发展情况下，上合示范区建设的价值越来越凸显。

第一，上合示范区建设对上合组织发展的价值。在世界百年变局中，霸权国家不甘失去霸权地位，执意挑起大国对抗和地缘冲突，对世界和平、安全、发展与合作都产生重大负面影响。在这种形势下，以"互信、互利、平等、协商、尊重多样文明、谋求共同发展"为宗旨和原则的上合组织，显示出强大生命力和吸引力，继2022年伊朗成功申请加入上合组织后，又有10个国家表示出加入该组织的意愿。随着越来越多的国家加入，上合组织内部的差异性越来越显著，但共同安全、共同发展、加强合作的主题不会变。其中，经贸合作在上合组织发展过程中的粘合与促进作用会越来越突出，对上合组织发展的价值越来越大。

第二，上合示范区建设对中国对外开放的价值。新的世界格局和时代背景下，中国坚持对外开放并扩大对外开放，将开放提升到新的高度。中国共产党第二十次全国代表大会报告提出，中国将推动高水平对外开放，"稳步扩大规则、规制、管理、标准等制度型开放"，"合理缩减外资准入负面清单"，"营造市场化、法治化、国际化一流营商环境"，扩大开放区域、优化开放布局、提升开放水平。与其他自贸试验区、经济发展试验区等相比，上合示范区具有探索对内体制机制改革和对外经济合作新方式的独特价值。

第三，上合示范区建设对青岛和我国东部地区经济社会发展的价值。青岛具有地理区位、历史文化和经济产业的独特优势，上合示范区的定位和作用能把青岛这种独特优势充分发掘、发挥，能在较大程度上促进青岛的对外合作、经济发展和国际化大都市建设。同时，上合示范区建设也可极大促进青岛对东部地区发展的带动作用。

"路漫漫其修远兮，吾将上下而求索"。上合示范区是推动中国与上合组织成员国合作、提升中国对外开放新格局的"试验田"，值得我们重视珍视、不懈探索、努力加倍。

主要参考文献

习近平:《高举中国特色社会主义伟大旗帜 为全面建设社会主义现代化国家而团结奋斗——在中国共产党第二十次全国代表大会上的报告》,人民出版社2022年版。

习近平:《弘扬"上海精神" 构建命运共同体——在上海合作组织成员国元首理事会第十八次会议上的讲话》,《人民日报》2018年6月11日。

习近平:《弘扬"上海精神" 深化团结协作构建更加紧密的命运共同体——在上海合作组织成员国元首理事会第二十次会议上的讲话》,《人民日报》2020年11月11日。

中华人民共和国国务院:《国务院关于中国—上海合作组织地方经贸合作示范区建设总体方案的批复》(国函〔2019〕87号)。

中华人民共和国商务部、山东省人民政府:《中国—上海合作组织地方经贸合作示范区建设总体方案》(商欧亚函〔2019〕597号)。

山东省人民政府:《山东省人民政府关于支持中国—上

海合作组织地方经贸合作示范区建设若干措施的通知》（鲁政字〔2020〕273号）。

青岛市人民政府：《青岛市人民政府关于印发青岛市加快推进中国—上海合作组织地方经贸合作示范区建设实施方案的通知》（青政字〔2020〕14号）。

青岛市统计局、国家统计局青岛调查队：《青岛统计年鉴2021》，中国统计出版社2021年版。

中共青岛市委中国—上海合作组织地方经贸合作示范区工作委员会：《关于2020年上合示范区"100件大事"完成情况的报告》（上合党工委发〔2021〕1号）。

上合示范区党工委、管委会：《中国—上海合作组织地方经贸合作示范区建设工作情况汇报》，2021年11月10日。

中国—上海合作组织地方经贸合作示范区推进实施领导小组：《青岛市加快推动"中国—上海合作组织地方经贸合作示范区"建设三年行动计划（2021—2023年）》。

《上海合作组织二十周年杜尚别宣言》，《人民日报》2021年9月18日。

韩璐：《上海合作组织与"一带一路"的协同发展》，《国际问题研究》2019年第2期。

李进峰：《上海合作组织20年：成就、挑战与前景》，社会科学文献出版社2021年版。

刘华芹、于佳卉：《上海合作组织区域经济合作20年回顾与展望》，《欧亚经济》2021年第1期。

潘辉：《上海自贸区国际转口贸易功能提升研究》，《国际商务研究》2022年第2期。

庞大鹏：《"上海精神"与中国特色大国外交》，《人民论坛》2018年第B06期。

宋安琪：《CIFA提单破解多式联运一体化难题》，《中国远洋海运》2020年第11期。

孙壮志：《"一带一路"与上合组织实现互动发展》，《求是》2017年第8期。

孙壮志：《上海合作组织与新时代中国多边外交》，《世界经济与政治》2021年第2期。

温韧、黄丙志、解涛：《海关支持和服务上海自贸试验区发展转口贸易研究》，《科学发展》2021年第12期。

阎德学：《上海合作组织经济合作：成就、启示与前景》，《国际问题研究》2021年第3期。

杨进：《2020年中国与中亚国家战略伙伴关系的评估与展望》，载谢伏瞻主编《中国周边关系蓝皮书：中国与周边国家关系发展报告（2021）》，社会科学文献出版社2021年版。

曾向红、陈亚州：《上海合作组织命运共同体：一项研究议题》，《世界经济与政治》2020年第1期。

International Monetary Fund, *World Economic Outlook*: *War Sets Back the Global Recovery*, Washington, D.C.: IMF, 2022.

邹治波，中国社会科学院世界经济与政治研究所副所长、研究员，主要研究领域为国际关系、安全战略。曾长期从事导弹核武器技术、核战略、军控与防扩散研究，获得国家科技进步二等奖、部委科技进步一等奖等多个奖项；在社科领域主持社科基金项目，在权威和核心期刊发表十多篇关于中美关系、地缘安全、核问题、国际秩序、全球治理的学术论文。

孟庆胜，现任中国—上海合作组织地方经贸合作示范区党工委委员、管委会副主任（正局级），曾任青岛经济技术开发区管委副主任、黄岛区委常委、黄岛区政府副区长、青岛西海岸新区工委、黄岛区委办公室主任等职务，具有丰富的外经外贸、城市开发和基层工作经验。2020年3月20日起，担任上合示范区管委会副主任，牵头启动上合示范区建设。